左翼の逆襲

社会破壊に屈しないための経済学

松尾匡

講談社現代新書

2597

はじめに──反緊縮論だけではすまない段階に

リベラル派にも新自由主義の発言が

今日（2020年9月16日）菅義偉《すがよしひで》さんが総理大臣に就任しました。菅さんのブレーンにはデービッド・アトキンソンさんがいます。イギリス出身の人で、日本の観光・文化財活用の専門家としてご存じの方も多いでしょう。実はこの人は、生産性向上のための中小企業の淘汰再編が持論の人です。新型コロナ禍対策でも、政府の支援策が「生産性の低い」小規模事業者に偏っているとして批判しています（「コロナ禍で自然災害が起きれば、日本の財政は未曾有の危機に」WEB Voice2020年7月9日）。「小規模事業者に補助金を出す必要はない」「コロナ危機が日本最後のチャンスだ」とも言っています（「慢性的な赤字企業は、ただの寄生虫」プレジデントオンライン2020年7月12日）。菅さんも日頃の彼の持論を受けて中小企業再編論を唱えています。

本文中で詳しく分析しますように、コロナ禍をチャンスに中小企業の淘汰再編を進めようというのは、かつて竹中平蔵さんも理事長を務めた「東京財団政策研究所」が提言している コロナ対策でも打ち出されている路線です。政府・自民党の上層部にはその志向が色濃く、中小企業の企業数維持が政府目標から外されたといったことも、本文中で触れています。菅政権下では、こうした路線が一層あからさまに打ち出されることが予想されます。こんなコロナ大不況の中でまともにこんなことをやられた日には、再就職のあてもない失職者がどれだけ出るかわかりません。

アトキンソンさんにも東京財団にも共通する「問題意識」は、まとめてみると次のようなものです。

問題:「日本は産業構造の転換が遅れて生産性が停滞している。このままでは国際競争に負けて危機に陥る。財政や規制やむりやりな円安誘導で、既得権にあぐらをかいたゾンビ企業が温存されているせいだ。そのせいで国の借金も膨らんで破綻寸前だ」

これは、思い出してみれば、小泉・竹中改革が掲げていた「問題意識」にほかなりません。由緒正しいバリバリの新自由主義の発想です。新自由主義のバックにある経済理論の、「新しい古典派」の経済学者たちがする、典型的な日本経済停滞の原因の見立てです。

でも、実はアトキンソンさんは、リベラル派の人にわりと人気があります。考えてみればこの「問題意識」は、リベラル系の大新聞もしょっちゅう言っているような気がしませんか。リベラル派の論客にも同じようなことを言ってきた人がいませんでしたか。

かつての左翼は押し付けの「生産性」に抵抗

若い世代の人は知らないでしょうけれど、私の学生のころまでの記憶にある冷戦時代の左翼は、決してこんなことは言いませんでした。今はJRになってしまっている国鉄の戦闘的労働組合「国労」とか、今は日本郵便になってしまっている郵政関係事業の労働組合「全逓」とかが、当局の押し付ける生産性向上運動、通称「マル生」に対して、激しい反対闘争を繰り広げ、それを社会党も共産党も応援しました。「生産性」なんてネガティブワードだったのです。

1985年の先進5ヵ国の蔵相・中央銀行総裁会議の「プラザ合意」によって急激な円高が引き起こされて、政府がそれを放置したとき、共産党は強く政府を批判していました。円高でいかに中小企業やその従業者が苦しんでいるかを訴えるチラシを覚えています。

それが、日本のバブルが崩壊し、冷戦が終わった90年代から、くだんの「問題意識」は、反自民党の世界でも語られるようになりました。それでも最初は、リベラル派の大新聞や、自ら「左翼」とも「左派」とも名乗ることのない論者から口火が切られたはずです。彼らは、それまでの古い左翼ではダメだとの危機感を抱き、転換を志してこうした新しい古典派まがいの問題意識をガンガン語ったのだと思われます。

それが、「無党派」の市民運動に受け入れられ、「無党派」を名乗る首長に受け入れられ、「日本新党」とか「さきがけ」とか、本来保守系だった政党に受け入れられ、その後できた民主党に流れていきます。社会党の人たちのうち、民主党に行かずに社民党と名乗るようになった人たちも、結局くだんの「問題意識」を語るようになります。社民党の機関紙『社会新報』には一時期、毎号のようにこのような問題意識からの経済論評が載るようになりました。しまいには共産党の支持者にまでもこのような見方が浸透し、党が影響を受けるようになってきたように思います。

豊かになった責任を引き受ける「市民」

この問題意識は、経済成長は止まったけれど日本が歴史上一番豊かな状態のままでいた1990年代には合致していた問題意識だったと思います。まだ完全雇用近くにいましたから、ちょっと景気がよくなるとすぐいっぱいいっぱいになるので、生産性を上げないと仕方がない。産業構造の転換や「ゾンビ企業」の解体で生産性が上がったせいで、人手が余って大変なことになるという心配は、イメージしづらい時代でした。わざわざ円安にして輸出を伸ばす必要もないので、円高で安い輸入品を享受したほうがいい。

アトキンソンさんはゴールドマン・サックスに勤めているときに、日本の銀行が大量の不良債権を抱えていることを見出し、本当にその通りだったことで名をあげた人です。そんな世論の中でリベラル派の論客も、自民党の不良債権処理は生ぬるいと言ってウケをとっていました。本当にそんなことをしたら、ひょっとしたら当の銀行がつぶれるかもしれないだけでなく、真面目に仕事をしていただけの多くの企業もつぶれて労働者が路頭に迷うかもしれませんが、当時はそんな心配がリアルに想像できなかったのです。

当時、人々の自称は「労働者」や「人民」といった貧乏くさい呼び方が死語になって、「市民」というのが流行《はや》りだしました。そのことに象徴されるように、くだんの「問題意識」にとどまらず、豊かな時代を前提とした方針への転換が進んだのです。エコロジーとか「心の豊かさ」といった志向もそうです。戦争責任を軍部や財閥ばかりに負わせるのではなく、日本人全体で背負おうという志向とか、差別されたマイノリティのために負担をシェアしようという志向もそうです。総じて、豊かになってしまった自分の暮らしにどれだけ負い目を感じられるかがラジカルさの証といった雰囲気がありました。

デフレ不況下でまっとうな労働条件を要求

ところが1997年の消費税引き上げをきっかけとして、日本は本格的なデフレ不況に突入し、完全失業率が未踏の5％台の時代に入ります。日本はもう成長しないとか財政が足りないとかさんざん煽《あお》った中に、職を失った人や就職できない大量の若者が放り出されたのです。「豊かになった自分を見つめ直す」なんてスタンスが受け入れられるはずがありません。くだんの「問題意識」に基づいて既得権を攻撃するのなら、そんなうるさいことを言わない新自由主義者にやってもらったほうがいい。そもそも不況でも雇用が守られた大きな正社員労働組合は彼らの目から見たら「既得権」層と映っていますから、しがらみがない分徹底的にやってくれるということになります。だからたくさんの人たちが、「自民党をぶっ壊す」と言った小泉純一郎さんの「改革」や、公務員を既得権者として攻撃した橋下徹さんの「改革」に熱狂したのです。

しかし、小泉・竹中改革がもたらしたのは、就職氷河期と非正規雇用化等々、一層の困難でした。だからこそリーマンショック後の不況の中で民主党政権ができたとき、もはや豊かではなくなった人々が本当に望んでいたことは、先述の「問題意識」をトータルに拒否して、新しい問題設定をすることだったはずです。日本の停滞は生産性の問題ではなくて総需要が足りないせいだ。国際競争力なんて偽の問題で、欲しけりゃ円を安くすればいくらでも湧いてくる。不況の中で円高になれば、輸出の困難と激安輸入品のせいで国内生産は壊滅し、産業の空洞化が進む。不況で人々の所得が足りないせいで、本当は市井の庶民にとってニーズのある仕事をしているのに採算がとれないでいる事業を、「ゾンビ」扱いするのは不当だ。失業者がたくさんいるデフレ環境下で赤字財政支出をしても金利は上がらないしインフレにもならない。総需要を拡大して、働くことを望む人がみんなまっとうな条件で働ける世の中を目指すべきだ——と。

ところが民主党政権は結局先述の問題意識に支配されて、デフレと円高を放置して人々を失望させてしまいました。そんな人々に対して新しい道があるよと示して見せたのが安倍晋三さんだったのです。みんなが飛びついたのも当然です。

左派は史上最長の長期政権を許した

私はこのかん欧米の左翼の反緊縮経済政策を紹介していました。彼らは財政危機論を新自由主義側のプロパガンダとみなし、中央銀行の独立性を批判し、おカネを作って政府支出して完全雇用を目指すことを主張しています。しかも左になればなるほどそうした志向が強くなります。そんなとき、安倍さんがそんな左翼のお株を奪う経済政策を掲げて再登場したのです。おじいさんの夢の明文改憲を実現するため、選挙で圧倒的に勝とうと、一番有権者が望んでいることにアピールする作戦できたなと危機感にかられました。これを上回る経済政策をアピールしないとこの作戦は阻止できないぞと、私は左派・リベラル陣営に向かって必死で訴えてきました。

実際には安倍政権がちゃんと財政拡大したのは最初の一年ぐらいだけ（しかも旧来型の公共事業中心）で、消費税を8％に上げたあとは財政拡大を抑え込んだので、景気も頭打ちになってしまいました。これは失点なのですから、安倍政権を上回る景気拡大策を訴えれば十分に勝機はあったはずなのに、一向に耳を貸してもらえず、それどころか安倍政権の礼賛者呼ばわりされて叩かれるありさまでした。唯一山本太郎さんだけが話を聞いてくれました。頭打ちとは言っても金融緩和で円安にして景気をふらふら保ってきましたので、結局、安倍さんは国政選挙に5回圧勝し、私たちは史上最長の長期政権を許すことになってしまいました。

2019年の参議院選挙の前になってようやく野党のみなさんが少しは話を聞いてくれるようになって、経済政策を表に立てる候補者も現れ、多少の手応えが感じられるようになりましたが、このかんぼやぼやしているうちに、たくさんの悪法が作られ、法治主義や民主主義の空洞化が進み、政治が私物化されてしまいました。最後に2019年の参議院選挙で改憲議席を阻止して、明文改憲ができずに終わったことが救いだったと思います。

リベラル派の「思考体系」の問題点

このかん反緊縮政策が受け入れられないのは、最初はマクロ経済政策論レベルの誤解が原因ぐらいに思っていましたが、だんだんとこの手強さはそんなものではないと気づいてきました。冒頭のアトキンソン「新しい古典派」流の問題設定をみんなが共有し、ただその解き方だけを争わせてきた大きな枠組みこそが問題だったのです。ソ連崩壊や古い左翼の敗北を必死に反省し、くだんの問題設定にエコロジーや脱階級論が組み合わさってできあがった、豊かな時代向けのリベラル派の「思考体系」があったのです。特定の「聖典」はなくても、多くの論者がその枠組みの中で語っています。それがその後貧困な大衆がたくさん生み出される現実とギャップを広げながら活動家や政治家に普及し、今や消費税・コロナ不況で倒産・失業が蔓延しようという中、ついに共産党系界隈まで含む広範なレンジの中で収斂しつつあるというわけです。

安倍政権のころにこの「思考体系」のせいで選挙に負けても、いい人だけど悪事を止められないヘタレですんだかもしれません。しかしこれから菅・アトキンソン路線が進められる中で同じ態度でいたならば、それではすまないかもしれないのです。「加担者」になる可能性もあります。本書の本文では、それればかりではなくもっと恐ろしいことの加担者になるかもしれないことを警告しています。

今こそマルクスの思想を取り戻す

だから今は、時々見られた拙著の誤読のように反緊縮政策論だけ言っていればすむ時代ではなくなっているのです。豊かな時代のリベラル派の思考体系に代わる、たくさんの暮らしの苦しい人たちがいる時代に対応した新しい「体系」が必要とされているのです。さもなければ、自分たちの実感を反映する言葉を失った人々、特に没落したり、没落の危機を感じたりする中小・自営業の人たちがしばしば見出す「救い」が**極右**だということは、このかん繰り返された歴史的教訓です。

いつのまにか「左翼」という言葉は聞かれなくなり、右派側からの非難の言葉としてだけあるようになりました。「左派」も聞かなくなりました。かつて左派側を指した「革新」という言葉すら死語になりました。代わってみんな「リベラル」と名乗るようになっています。

私たちは「左翼」を忘却のかなたから呼び起こさないといけません。

冷戦期左翼には、「マルクス＝レーニン主義」のような大きな世界観体系がありました。大理論を奉じて人間がその犠牲になる弊害は数知れないので、私たちはその教訓は十分ふまえないといけません。思想に飲まれないよう、個々の人間を圧殺することのないよう、生活の都合にあわなければいつでも捨て去っていい便宜というくらいに軽くとらえることは大事なことです。しかし、マルクスの思想がなぜ暮らしの苦しい労働者たちの心を広くとらえることができたのかは汲み取らないといけません。そこに現代の経済学の到達点と、リベラル時代のマイノリティ共生志向などの積極面が、いかに統合でき、いかに時代と対峙できるのか。本書は、できるだけ平易な文章で、その一案を語ってみる試みです。

目次

Ⅲ　分別くさいエリートの押し付けへのポピュリズムの反乱　42

Ⅳ　日本でやっと現れた左派ポピュリズムの位置の党　54

第二章　日本支配層の将来ビジョン
――コロナショックドクトリンが示す円高帝国への道

第三章　レフト3・0の到達点と課題――欧米での失速の教訓

第四章　体制変革としての反緊縮

第一章

「人は生きているだけで価値がある」のポピュリズムを！

I 「人は生きているだけで価値がある」の哲学の射程

おカネをかせげない人を責めるなというだけでない

山本太郎さんがいつも言っていること――「人は生きているだけで価値がある」これは、れいわ新選組の基本哲学みたいなものだと勝手に認識しています。私としては一言もこれについて太郎さんに話した心当たりはないのですが、私の基本哲学と同じだなと感じ入っています。『「はだかの王様」の経済学』（2008年、東洋経済新報社）とか、『自由のジレンマを解く』（2016年、PHP研究所）とか、もっと学術的なものでは『近代の復権』（2001年、晃洋書房）などで論じました。私なりに解釈したマルクスの「疎外論」の主張です。読んでくれているのかなという気もしないではないですが、たぶんそうではなくて、太郎さん自身の直感に根ざして自分の頭で考えているのだろうと思います。

このことがどう重要なのか。この話が出る文脈というのは、たいていは、おカネを膨らませるためにどれだけ役立つかで人間を評価する風潮への批判でしょう。そうした評価に値しない者が生きづらい人生をおくるのは「自己責任」だという風潮を、根底から拒否するためのロジックとして、多くの人たちに熱狂的に支持されています。

それはそのとおりなんですけど、そういう風潮への批判は、これまでの左派やリベラル派と呼ばれた野党の人たちもやってきました。だけどここまで当事者も含むたくさんの人たちの熱烈な共感は得られてなかったと思います。それは、「人は生きているだけで価値がある」という訴えの射程には、単におカネを膨らませることに役立つかどうかで人を評価することへの批判にとどまらないところがあるからだと思います。

選挙の選択や社会運動にも自己責任論はある

というのも、既存の社会の仕組みの中に置かれた境遇のせいで、がんばろうにもがんばれない人が生じるのは、別にお金儲けについてだけではありませんから。生きているだけで手いっぱいで、政治的なことを考える余裕のない人もたくさんいるのです。そうしたら、そんな人たちに対して、自分と同じようにたっぷり時間をかけて本を読んだりネットで情報を集めたりしてこそ一人前というような態度で、「自分の頭で考える自立した市民になれ」とか上から目線で説教して、そのあげく思い通りの選挙結果にならなかったら「悪政を選んだのは自己責任だ」とか「民度が低い」とか言って悪態をつくのも、悪しき「自己責任論」だと言えるでしょう。

選挙のことだけではありません。デモに出ることも、労働運動を闘うことも、抗議に行くことも。勇気を出して闘える人はスゴい。かっこいい。尊敬するべきだと思います。でもそんな強さのない人、余裕のない人、闘うことに気づく機会がない人、守るべきものを背負ってしまっている人もたくさんいるのです。そんなことで闘えない人たちを闘えた人と比べて一格劣った人とみなしてはいけません。闘う人にはサムズアップを。その一方で、闘えない人にはハグを。あるいは一緒に涙を流すのでもいい。それはサムズアップと方向性は違うかもしれませんが、同格の価値を持った認め方だと思います。そうせずに、不遇な状況におかれているのは「闘わない自己責任だ」とするのは、「おカネがかせげない自己責任だ」とするのと同様、当人にとっては立派な抑圧なのだと思います。

この世の中には、おカネをかせげないのは自己責任だという自己責任論と同じぐらいこの手の自己責任論が満ち溢れていて、やっぱり、生きるだけで手いっぱいの人々につらい思いをさせてきたのだと思います。左派とかリベラル派とか言われる人たちの中に、みんなとは言いませんが、そんな態度の人がわりと多かったのは否定できないんじゃないかと思います。だからこそ、「人は生きているだけで価値がある」という訴えは、これまで左派やリベラル派の声がなかなか届かなかった層にも共感を呼んでいるのだと思います。

II　生身の個人を理性の手段にするな

理性的主体が人格の主人公だとする議論の危険

「真面目に社会のことを考えることを、ネオリベしばしば論者といっしょにするなんて、とんでもない」ですか。でもこの問題はもっと深刻な問題とつながっているのです。というのは相模原殺傷事件の植松死刑囚は、言うところの「意思疎通のとれない人間」を「心失者」と呼び、生きていても仕方ないからと言って知的障碍者19人を殺害したわけです。あなたはこの植松死刑囚の考え方についてどう思いますか。

「生命倫理学」では「パーソン論」という議論があります。「どのような生命体に権利を認めるか」という議論です。権利を認められる主体が「パーソン（人格）」だとされます。この議論の中で、**知性、理性、自己意識を持った主体がパーソンである**という論じ方をする論者は多いそうです。ピーター・シンガーさんとかマイケル・トゥーリーさんといった人たちが、そのような立場から、場合によっては新生児を殺すことも認められると主張しています。

知性や理性をメルクマールにするかぎり、それは多い少ないのグラデーションがあるものですから、権利主体としての認められ方にも、多い少ないのグラデーションが出ると考えるのが自然でしょう。実際、シンガーさんは、人間以外の動物の権利をどれだけ配慮すべきかという問題で、知性や理性の高さを基準にして、爬虫類やネズミよりも、犬やクジラや猿の権利が尊重されるべきだとし、さらにその上に人間をおくランクづけをしました。動物を利用するために殺すことは苦痛を与えない限り正当とする一方、人間に同じことをしてはならないのは、人間には人生設計があり、それを妨げるからだとしています。

新生児の安楽死も自己決定した安楽死も認めることに

そう理屈づけると、理の当然として、新生児や脳死状態の人や重度の知的障碍者は犬や猿よりも権利主体として劣ることになります。実際シンガーさんは、これらの場合のヒトの安楽死は許されるとしています。新生児は将来ちゃんとした「パーソン」になる可能性があるから殺してはならないとする批判に対しては、それは避妊だって同じだと反論しています。

また、理性的に自己決定した自己の安楽死は認められるべきだということになります。なるほど理性こそ人格の主体で、身体はその持ち物にすぎず、生命そのものまでも、そのための手段にできるわけですね。

知性の優劣で権利に差がでるという考え方

こうなると、シンガーさん自身の意図はどうあれ、同じ人間でも、知性や理性がどれだけ優れているかで、権利主体としての認められ方が変わってくるとする発想につながります。

「新古典派」と呼ばれる最主流派の経済学では、各自は自らの利益を最大化するために、非常に合理的に最適計算して行動することになっています。そして市場取引におけるこの行動の合成結果が、これ以上誰かの境遇を改善しようとしたら別の誰かの境遇を悪化させてしまうぎりぎりのところまで、みんなの境遇を改善しきっているという意味で、一種の最適な状態をもたらすとされています。

このことは、こうした経済学を悪用してきた新自由主義者の筋の悪い読み方にかかると、市場にまかせた結果は最高のものであり、それぞれ自分なりの判断で自分にとって最善になるように各自が行動した結果なのだから、政治的に変更してはならない。そこにおいて不遇な状況におかれた人は、自分の知性が劣っていたせいだと思ってその境遇を甘受しろということにされてしまいます。知性の優劣にしたがって、社会から得られる便益に優劣が出ることが正当化されるわけです。

植松死刑囚は正義の理念で虐殺した

こうした考え方を、自分の利益ばかり追求する考えだからよくないと批判する言い方をよく目にします。新古典派は個人主義だからいけないとか、いやいや真の個人主義は理性的に公共のことを考える個人を想定しているのだから、こんな利己的な個人じゃないんだとか何とか。

でも、本当のゴリゴリの新自由主義的個人主義者ならば、知的障碍者の生命はその親の理性の私的所有物みたいな発想をしますから、他人の私有財産を勝手に損壊する大量虐殺をしたりはしないでしょう。

それに対して植松死刑囚のやったことが本当に恐ろしいのは、**私利私欲を度外視した公共的理性が、世論の賛同を得て広がることを目指して、唯一無二の生身の生命をたくさん犠牲にしたということです**。日本は国の借金を膨大に抱えていて、これ以上それを膨らませたら大変なことになってしまう。財政に負担を与えるだけでしかない生命を支える余裕はない。そういう存在は抹殺して、財政危機から日本を救わなければならない。――こういう天下国家を憂える正義の理念から虐殺に手を染めたわけです。

公のための思想が自己目的化して大虐殺した黒歴史

だから問題は利己的か公共的かということではない。自分のお金儲けのための人生設計にせよ、「財政危機論」のような天下国家の理論にせよ、ともかく頭の中の理性が主人公になり、生身の人間個々人はそのためにどうにでもできる手段になっているという図式そのものが問題なのです。

そう考えると相模原殺傷事件のような悲劇はこれまで何度も繰り返されてきたものだとわかります。ヒトラーたちの反ユダヤ思想も、スターリンや毛沢東やポル・ポトの思想も、皇国史観の思想も連合赤軍の思想も、みんな知力を振り絞って、罪のないおびただしい人命をいとも軽々と犠牲にしたではないですか。国家も宗教も「歴史の必然法則」もみんなそんな黒歴史を背負っています。

大企業のお金儲けも理性の自己目的化

大企業を支配する人たちが、お金儲けのために、下々の庶民の暮らしを犠牲にすることだって同じです。企業業績の数字が大きくなることや、企業が支配している富の金額が大きくなることが、自己目的になっているのです。すべて、一人一人の生身の人間のことを忘れてしまっています。理性や知性や戦略や決まり事のような人の頭の中にあるはずのものが、あたかも人間を離れて独り立ちし、自己目的化して主人づらして、肉体や感覚レベルの生きた個々人を価値の低いものとみなして手段化して、平気で踏みにじるわけです。

強者の利権は副次的な「ご褒美」

いやいや、これらの例は、本当は高尚なビジョンの裏で、一部の強者が自分だけの利益を追求して肥え太るシステムになっているところがいけないのだと反論する人もいらっしゃるかもしれません。たしかに支配者たちが私腹を肥やすのはケシカランことです。でもそれは、こういう理性や決まり事などが独り歩きして自己目的化したシステムが、その独り歩きがうまくいくように「ご褒美」をつける必要から出てくるものです。

つまり、自己目的化した国家を強くすることとか、おカネの自己目的化した膨張をスムーズに進めることなどには、それを担う専門家が要るわけです。これらの自己目的化されたものどもは、生身の下々の庶民から遊離して、むしろそれを手段とみなすぐらいですので、当然、下々の庶民にコントロールさせるわけにはいかないとされるのです。だから理性や知性などの点でランクの高いとされる一部の人がそれを担うことにされます。

そのとき、この人たちが、ちゃんとうまく国家を自己目的的に強くしたり、おカネを自己目的的に膨張させたりするようにしむけないといけないことになります。だからそのことに成功したら個人的にも得をする「ご褒美」の仕組みを備えないわけにはいかないのです。そして一旦こうなると、理の当然として、決定権を握った人たちはお手盛りで「ご褒美」をアップして、その利権を守るために、庶民一人一人から遊離して独り歩きした体制をますます強化する。と、こういうことになるわけです。

理性はみんなが生きていてよかったと思うツール

「人は生きているだけで価値がある」という立場は、こうしたことをまるごと全部ひっくり返すことになります。これは、個人の尊厳を何よりも大事にするという意味では間違いなく個人主義の立場です。しかし、合理的に自己利益を最大化するとか、公共的なことを冷静に対話して考えるといった、各自の理性を主人公とした個人主義ではありません。そうではなくて、重度脳障碍で一般に「意識のない状態」とみなされる状態で生きている人の、快不快に基づく反応レベルの選択を、活動家の政治選択に劣らぬ価値を持つものとして、最大限尊重する個人主義です。

ここでの主人公は、理性ではなく、読者のみなさんにもお一人お一人の身の内にある「生きているだけ」でも存在している生身の個人です。本能や肉体や感覚としての個人。しんどさから解放されることを望み、快適さを求める個人です。これこそが「目的」です。理性とか主義とか決まり事などは、「生きているだけ」でも存在している生身の個人のために、あくまで奉仕する手段にすぎないと位置付けるべきです。自己目的化させるなんて本末転倒。「生きているだけで価値がある」生身の個人を誰も切り捨てることなく、「生きているだけで価値がある」生身の個人みんなによろこんで受け入れられるような、誰もが「生きていてよかった」と思えるような、そんなツールとなる理性とか主義とか決まり事などはどんなものか。それを真摯に探し続ける姿勢こそ大事なのだと思います。

Ⅲ　分別くさいエリートの押し付けへのポピュリズムの反乱

ＥＵ当局にコントロールが奪われたことへの反乱

このような「生きているだけで価値がある」生身の個人からの異議申し立て、新自由主義だろうが「リベラル」だろうが共通する分別くさいエリートからの押し付けに対する反逆は、いまや世界中を覆いつつあります。昨年２０１９年は、前年から引き続くフランスの「黄色いベスト」が全土で燃え上がる中で明け、カタルーニャでもチリでも香港でも、世界の至るところで民衆が街頭に立ち上がりました。いったい彼らは何に怒っているのか。

私自身はイギリスのEU離脱は労働者階級にとって決して最善の選択ではないと思っていますが、実際には2019年の総選挙で労働者階級をはじめ多くの庶民が、「今度だけは」とEU離脱のために保守党に投票しました。彼らの心をとらえた離脱運動のスローガンは、**「テイク・バック・コントロール（コントロールを取り戻せ）」**です。この心情はよく理解できます。

EUでは、大事なことがみんなブリュッセル（EU本部の所在地）のエリートによって決まり、加盟各国の国民に押し付けられてきました。民選の欧州議会はあっても、まだ公式に決定権を握る機関になっているわけではありませんし、執行機関に対するコントロールも議院内閣制の国ほど強くありません。さりとて執行リーダーが民選されるわけでもありません。ところが、各国の国民が、いくらEUで決まったことが気に入らないと言って国の政府を民主的に変えても、何も逆らえないのです。結局EUで決まったことを受け入れるほかないのです。こうしてブリュッセルのエリートの言うがままに、財政赤字や政府債務残高の削減などの緊縮政策がEU各国に押し付けられました。

イギリスはユーロ圏には入っていませんが、これがユーロ圏に入ろうものなら、欧州中央銀行が「独立」の名の下におカネの出し方を決めることに対して、民意が口出しするチャンネルは何もなくなってしまいます。それどころか、ギリシャに緊縮政策に反対して借金棒引きを主張する政権ができたときは、欧州中央銀行がギリシャにおカネを出さずに兵糧攻めにして政府を屈服させました。

中道左右エリートは緊縮・規制緩和を押し付ける

結局、中道右派の新自由主義の勢力であれ、中道左派のブレア派的な社会民主主義勢力であれ、どっちを選ぼうがやることはほとんど一緒。規制緩和して財政削減して法人税を下げて所得税の累進の度合いを緩やかにして、グローバルな大企業のお金儲けはやりやすくする一方で、庶民のための公的なサービスは削って雇用の流動化を進める。専門の知的エリートが一致して言っていることだと言い、そうじゃないと企業が国にきてくれないぞ、国際競争力がなくなるぞ、インフレになるぞと言って脅しつけて、その結果多くの庶民の中流的生活が崩壊して、細る保障の中でのたうちまわってきたのです。無理やりそんな路線を甘受させられてきたのです。

だから、「テイク・バック・コントロール」なのです。こう言ってブレグジットの反乱が起こったわけです。イギリスだけじゃありません。フランスの黄色いベストの反乱も同じです。新自由主義の共和国連合と中道左派の社会党に分かれている余裕がなくなったエリート層が共同して立てたのがマクロン大統領で、彼が推し進める金持ち優先・庶民に犠牲のエリート政治に対する反発が運動のモチベーションになっています。

アメリカでもトランプ、サンダースの反乱

アメリカでもそうでした。ブッシュ親子はじめ共和党主流派が推し進めてきた新自由主義政策で、それなりの安定した「中流」の暮らしができていた製造業などの労働者階級が没落し、非正規化が進行し、経済停滞で失業者も増えて、大変な格差社会がもたらされました。ではそんな状況を変えることを期待された「リベラル」派のオバマ政権が、何かその期待に応えることができたかというと、ほとんど何も変わらなかった。2016年の大統領選挙では、民主党候補のヒラリー・クリントンさんはエリート支配層の代理人とみなされました。

既存の二大政党が仕切る世の中は、生身の一般大衆のコントロールの効かないものになってしまっている。そんな不満の爆発が、共和党リーダーたちが続々と不支持を表明し、主要メディアもそっぽを向くなかで、トランプさんの大統領当選をもたらしたわけですし、他方で前回も今回も民主党側大統領予備選挙での「社会主義者」バーニー・サンダースさんの躍進・健闘をもたらしたわけです。

「コントロールを取り戻せ」は世界の街頭の通奏低音

そして同様に、分別ぶったエリート側の仕切りの押し付けで犠牲になってきた地べたの生身の大衆が、もう我慢ならないと、自分たちの手で世の中をコントロールすることを求めている、それが、カタルーニャでも香港でもチリでも、２０１９年の世界を席巻した反乱をすべて貫く通奏低音になっていたと言えるでしょう。

新自由主義的な右派ポピュリズムは衰退

このような、知的エリートによる大枠の既定路線に対する大衆の叛逆は、よく「ポピュリズム」と呼ばれます。現代の「ポピュリズム」と言えば、当初は右派側からのものが目立っていましたので、そのイメージを持つ人もまだ多いようです。さきほどのドナルド・トランプさんとか、フランスのマリーヌ・ルペンさんとか、イギリスのボリス・ジョンソンさんとかが有名です。

以前右派ポピュリストとされた勢力は、アメリカの「ティーパーティ運動」にしても、フランスのルペンさんのお父さんのジャン＝マリー・ルペンさんにしても、「小さな政府」を志向する「新自由主義のすごいやつ」として売り出していました。でも今はどこでもそんなのは流行らなくなっています。

反新自由主義に転じて支持を得る右派ポピュリズム

ルペン一世はじめ当時「極右」と呼ばれて世間を震撼させた政治家たちは、外国人排撃などの偏狭な民族主義を唱えて大衆から一定の支持を得ました。しかし新自由主義政策が怪物的に育て上げたグローバルな市場経済は、ヒト・モノ・カネの移動を要請して国の自立性を壊し、国の制度や慣習や政策の自由度を奪ってしまいます。民族主義どころではありません。

新自由主義に痛めつけられて「テイク・バック・コントロール」を願う大衆は、さしあたり財政危機論に惑わされ、経済停滞で雇用が限られる中では、自分たちのパイを守るために民族排外主義に陥る人がでるのも自然なりゆきです。でもそういう大衆は、グローバルに活躍する大企業や官庁のエリートを、土着の民族固有性を背負った自分たちに対する敵とみなします。そして、グローバル市場の暴虐から、国家権力によって自分たちの生活を守ることを求めるのです。

だから、今の右派ポピュリストは、たいていどこでも、反新自由主義になっています。特に「極右」と呼ばれる勢力はそうです。「大きな政府」の積極財政派だし、自由貿易には反対だし、ＥＵからは脱退しろと言っています。このような主張がウケて、今右派ポピュリズム勢力が世界を席巻しているのです。トランプさんもジョンソンさんも政権につきましたし、ルペンさんは大統領選挙で決選投票に残りました。旧ソ連圏や中欧では極右政党が世論の支持で政権をとったり入閣したりしていますし、ドイツでも北欧でも極右政党の伸張は著しいです。

左派ポピュリズムの登場

こんなふうに、ポピュリズムと言えば右派のイメージが強かったですが、しかし、黄色いベストの参加者たちにはルペン支持者も多い一方で、明らかに反資本主義的な心情が表れていて、平気で右にも左にも流れます。

欧米において、新自由主義の犠牲になった大衆が、みんながみんな右派ポピュリズムに流れてしまうのを防いでくれているのは、左派側のポピュリズム勢力の存在です。アメリカのサンダースさんやイギリスのジェレミー・コービンさん、フランスのジャン＝リュック・メランションさんなどの躍進を報道するニュースはご覧になったことがあると思います。スペインのポデモスとか、ギリシャの急進左派連合といった新興左翼政党も、今ではだいぶ変質したとも言われますが、ゼロから短期間で勢力を伸ばして注目されました。

外国人は「やつら」か「われら」か

ポピュリズムと言うからには、腹減ったとか筋肉痛だとかいう、生身の個々人からなる「われら」大衆の実感に立って、そこから離れたところから「われら」を食い物にしてくる「やつら」との間に線を引き、「やつら」を指差して敵認定する図式は共通するわけです。でも右派ポピュリズムの場合は、その「やつら」が移民や少数民族や外国人だったりします。

それに対して左派ポピュリズムの場合は、「やつら」は、ごく一部のエリート富裕層ということになります。移民や少数民族や外国人の一般大衆は敵ではなく、同じ利害に結ばれて同じ敵と闘う「われら」の仲間と位置付けられます。

この両派のポピュリズムが、新自由主義に痛めつけられて生きづらい大衆の支持を奪い合うことになるわけです。先述のとおり、ごく一部のエリート支配者を敵認定することは、今では右派ポピュリズムもやっていることです。平気で民族性を壊す無国籍なヤカラというわけですから。だから、対立点は移民や少数民族や外国人の一般大衆を敵と見るのか仲間と見るのかということになります。

昔は労働者間の取り替え不能だから格差・共存

まだ新自由主義に世界が襲われる前はどうだったでしょうか。先進国の主流民族の男性労働者は、重工業などの熟練の要る仕事に就いて、比較的安定した雇用と比較的高い給料をもらっていました。それに対して、発展途上国の労働者は鉱山や農場や簡単な軽工業の仕事に就いて、先進国内の移民や少数民族の労働者はキツイ、キタナイ、キケンの3K労働に就いて、不安定な安い賃金で働いていました。両者の仕事は全然取り替えが利かない別物だったので、移民や少数民族や発展途上国の労働者が資本側にどんなにひどく搾取されても、先進国の主流労働者の仕事は取り替えられることはなかったし、かえってそれで会社がもうかれば、自分たちの賃上げがしやすくなるので有利という側面がありました。

だからこうしたときには、先進国の主流労働者の大きな労働組合やそのバックアップを受けた社会民主主義政党は、移民や少数民族や発展途上国の労働者の境遇を改善するための運動には実は冷たかったのです。その一方で、彼らがいてくれないと困るわけですから、差別してはいけませんとか人権を守りましょうとか、余裕のある立場から寛大な姿勢を示すこともできたわけです。

緊縮と競合が排外主義を生んだ

しかし新自由主義が世界を席巻してから、先進国の重工業などの熟練労働者は解体されていきました。自動車も電機製品でも何でも、発展途上国で作れます。移民でも教育差別された少数民族でも作れます。そうすると、移民や少数民族や発展途上国の労働者の賃金やその他の条件が、先進国の熟練労働者よりも低かったならば、企業が工場をたたんで発展途上国に出ていったり、移民や少数民族の非正規の労働者に雇用が取り替えられたりします。つまり、先進国の主流民族の労働者と、移民や少数民族や発展途上国の労働者は、直接の競合関係に入ることになったわけです。

だからこそ、新自由主義のせいで生きづらさや不安にかられる大衆の多くが、右派ポピュリズムに飛びついたのです。もう寛大なことを言っている余裕はないのです。緊縮政策のせいで経済停滞して雇用がかぎられているので、奪い合いになってしまいます。新自由主義が財政危機を叫んでいましたから、それを真に受ければ限られた社会サービスをめぐっても奪い合いになります。以前は、先進国の主流派労働者にとっては、外国人労働者は「二級市民」のような地位に甘んじる限りはいてくれないと困る存在でしたが、もはやそうではない。「出て行け」ということになったわけです。

これは、生きづらさや不安にかられる大衆にとっては、自分の生活がかかった深刻な問題です。これに対して、「差別はいけません」と天下りの人権論でお説教しても心に響かないでしょう。従来のリベラル派の側からのその手のお説教は、今なお取り替えに脅かされずにすんでいるエリート的労働者の、恵まれた立場からのキレイゴトに聞こえるのだと思います。

民族を超えた団結が身に迫った利益になっている

しかしこのことは、今世界の労働者を苦しめている足の引っ張り合いを抜本的に解決するには、自分よりも低い境遇の労働者を引き上げるしかないことを意味しています。発展途上国の労働者の賃金が上がれば、企業が海外移転することもなくなり、先進国の労働者は雇用が守られます。移民や少数民族の賃金も、先進国主流民族の労働者と同じレベルに上がれば、雇用が取り替えられることはなくなります。昔みたいに、他人の境遇が悪いほうが自分にとって利益というのとは、正反対になったのです。労働者の利害が、国や民族や階層を超えて一致するようになったということです。先進国の主流民族の労働者が、移民や少数民族や発展途上国の労働者の境遇改善のための闘いを応援することが、キレイゴトではなく、身に迫った生活上の利益になっていることがわかります。

左派ポピュリズムだけが問題を解決できる

そうすると、右派ポピュリズムに煽られて民族対立をすると、支配エリートにとっては、労働者の民族を超えた団結を分断で防ぐことができ、労働者どうしの足の引っ張り合いで賃金の抑制も労働強化もできて、笑いが止まらないということになります。それゆえ、新自由主義のもたらした悲惨さを真に解決することは、移民や少数民族や外国人の一般大衆を敵認定する右派ポピュリズムにはできない。民族が違っても「われら」の仲間とみなす左派ポピュリズムにこそ、それができるということがわかります。

そのうえ、右派ポピュリズムは、やはり国家第一ですから、「国家にとって役に立つ」という基準で人間を評価することから抜け出すことはできません。戦争のときに貢献できない者が低く見られるのはもちろんですが、平時でも、国家を強くするために働いて貢献できない者はどうしても低く見られます。だから、本当に「人は生きているだけで価値がある」という立場に徹することができるのは左派ポピュリズムだけだということになります。

Ⅳ　日本でやっと現れた左派ポピュリズムの位置の党

「コントロールを取り戻せ」が本来望まれていたこと

　さて日本でも他の先進国同様、冷戦後、社会の新自由主義的な作り替えがエリートのコンセンサスになりました。高度経済成長向きの戦後体制が行き詰まって生産性が上がらなくなって、既得権者たちに食い物にされている。国の借金が持続不可能。等々と言って、規制緩和や民営化や、「スリム化」「無駄の削減」と称した行財政改革が、自民でも非自民でもどの系統の政権下でも変わらず、大なり小なり推し進められました。マスコミも、政治スタンスのいかんにかかわらず同じことを提唱していました。

　実はこうした志向が、冷戦後すぐの当時の大衆の切実なモヤモヤ感に、かすった部分がなかったわけではないと思います。**自分の暮らしにかかわる切実なことが、官僚の胸三寸で決められて、**あとからそれに一方的に振り回されて、**コントロール感が持てなくなっている事態**です。これを打ち破って「コントロールを取り戻せ」というのが、当時も今と同様、やはり人々が真に望んでいたことだったと思います。

　「ポピュリズム」という言葉が日本で最初に巷に現れたのは、このころ流行った、既成政党側を破った無党派知事当選の現象を指したものだったと思いますが、それはこういう大衆のフラストレーションの表れだったと思います。

「小さな政府」路線でもたらされた犠牲

しかし、当時はこうした官僚や政治家の恣意的権限を小さくする話と、財政支出を小さくする話とがいっしょくたにされて、結局「小さな政府」を目指す話にされてしまいました。私も当時はこれを混同した面があったのは間違いなく、反省しています。

話が「小さな政府」志向にされていくうちにポピュリズムも、「新自由主義のすごいやつ」としての右派ポピュリズムに回収されて、小泉現象や橋下現象と呼ばれる事態をもたらすことになります。

かくして、大衆が本来そんなことは望んでいないのに、福祉や教育やいろいろな公的なサービスの削減が進められて自己負担が高くなっていきました。財政緊縮で景気が悪くなって、就職難や倒産やリストラで大量の失業者が生まれ、雇用流動化政策で生み出された不安定低賃金の非正規雇用になんとかありつければラッキーという具合になってしまいました。でもそんなことが、日本経済の体質を作り替えて財政危機を解決するために必要なのだと言って、「痛みに耐えろ」と押し付けられたのです。痛みしかなかったのがその結果でした。

政治へのチャンネルを壊しコントロールを失った

70年代ぐらいまでは多くの人が、業界団体や労働組合や町内会などのチャンネルを通じて、政治に暮らしの困りごとや要望を伝え、ある程度のコントロール感を持てていたと思います。ところがその後、こうした伝統的なチャンネルではカバーできない人の数が膨大に増えていった結果、多くの人はコントロール感を失い、かろうじて残る旧来のチャンネルにアクセスできる人たちを「既得権層」とみなして攻撃するということになったのだと思います。

ところがこうして「既得権層」を攻撃してチャンネルを壊した結果は、**誰もが政治に対する日常的コントロールを失い、ただエリートの決めたことを押し付けられるだけになってしまったのです。**そしてそのうち、庶民とはかけ離れた本当の既得権層が新たに発生して利権を貪る事態になっても、民衆はそれをただすことができなくなってしまったわけです。だからこそ、民主党政権ができても何も変わらなかった。結局は、政財官学マスコミのトップエリートのコンセンサスの幅の中でしか動けなかったのですから。

大衆の願望にアピールをした安倍晋三

そのように見ると、安倍内閣が6〜7割の高支持率で始まり、その後も4割台という歴代内閣の中では高い支持率をおおむね維持して史上最長の7年以上も続いたのは、トランプ政権成立の先取りという側面があったのだと言えるでしょう。つまり、日本における現代的な右派ポピュリズムの始まりという側面です。かつての「新自由主義のすごいやつ」ではなくて、逆に、庶民のためにたくさんおカネを使いますよと言ってみせて支持を集める姿勢のことです。

今となっては多くの人たちは忘れているかもしれませんが、安倍さんが2012年の自民党総裁選挙に出て、政府と日本銀行が一体となって金融緩和（おカネを作って出すこと）して公共投資する、と言いだしたとき、当時与党だった民主党など、ほかの政党はもちろん、同じ自民党の総裁選のライバルたちも、マスコミの論調も、みんなびっくり仰天でした。それで、自民党総裁になったあと、「円の信認が損なわれる」とか「ハイパーインフレになる」といった反対の合唱の中で総選挙を迎えたわけですが、結果は自民党の圧勝でした。

つまりここで安倍さんは、既存エリートの常識を打ち破って、新自由主義と長期不況に音《ね》を上げている大衆の願望にアピールする、右派ポピュリストの役回りを演じたわけです。もとよりゴリゴリのナショナリストの姿勢をアピールしていましたし、その点でもトランプさんやルペンさんと似ています。そして首相就任後、民主党政権時代からは一転した株価の上昇と雇用の拡大で高い内閣支持率を維持し、２０１３年の参議院選挙でも圧勝しました。

私はこのころ、とうとう日本で本格的な現代的右派ポピュリストが、あろうことか既存大政党リーダーとして登場して政権をとったことに恐怖しました。そして安倍さんは必ずやバブルを知らない若い世代が驚くような好景気を実現し、圧倒的な支持のもと国会を完全制圧して改憲も実現し、無敵のカリスマ独裁者として君臨することになるだろうことを警告しました。そうしたら安倍応援団扱いされて、味方のはずの側からさんざん叩かれてしまいました……。もし安倍さんがわき目もふらずに景気拡大に注力し、その後も政府支出を拡大し続けていたら、今頃本当にそうなっていたと思います。

新自由主義の本性が出て大衆に見放される？

しかし安倍さんもしょせんは支配エリート層の一員です。右派ポピュリズムの側面も中途半端で、それまでの体制側の常識の新自由主義の側面も、もちろんたくさん残していきます。しかも時間がたつにつれて、後者の側面がどんどんと表に出るようになっていきました。実際、財政規律論を受け入れて２０１４年に消費税を８％に引き上げて、さらに同じ頃から政府支出を抑制しています。そのせいで景気の回復も頭打ちになってしまいました。実質賃金は減って、消費は低迷し続けています。

それでもなんとか景気がもったのは、金融緩和で円安にして輸出が増えたからです。ところがその頼みの輸出も２０１８年から陰りを見せて、２０１９年に入っていろんな指標が景気後退を示すようになった中で、煽りをかけるように消費税の10％への引き上げを断行しました。案の定その影響で経済が深刻な打撃を受けたまさにそのとき、コロナショックに見舞われました。これによって、リーマンショックを上回る激烈な恐慌が起こり、日本経済は再び深刻なデフレ不況に後戻りする危険にさらされています。

世界同時に起こったこの経済危機に対して、アメリカは史上最大規模の３兆ドル（ＧＤＰ比14％）以上の経済対策で臨んでいます。それに対して日本は、補正予算の政府支出規模は多めに見積もってＧＤＰの約一割で諸外国より見劣りがします。消費税の減税もしないし、現金給付もしょぼいです。大不況の犠牲となった大衆からは、安倍さんはもはや支配エリートの常識にとらわれた一介の既成政治家としか映らなくなり、さしもの支持率も下落していったわけです。

維新の会が本格的右派ポピュリストに化けて躍進か？

それに対して、かつて「新自由主義のすごいやつ」の右派ポピュリスト政党であったはずの日本維新の会は、60兆円規模の財政支出を打ち出し、一人当たり10万円の現金給付や消費税率の8％への引き下げを提唱しました。維新は、2019年春の大阪の地方選挙で圧勝していますが、そのときには、支出削減をウリにするのはすっかり引っ込めて、自分たちがいかに住民サービスのためにおカネを使ったかを針小棒大に宣伝し、大規模プロジェクトで経済成長を続けることを派手にアピールしていました。そしてその夏の参議院選挙では、プライマリーバランスの黒字化を公約から削り、緊縮政党のイメージを払拭することに努めていました。何が今大衆にウケるのか。きっちり時流を読んでいるということです。

維新の創立者である橋下さんは近頃国政への野心を隠そうとしていません。旧国民民主党の積極財政派の政治家の一部を引き込んで、「反緊縮」的に見かけを飾る本格的な右派ポピュリズム政党を作って次の総選挙に打って出たならば、自民党の経済運営に失望した大衆の支持を集めて、かなりの躍進をする危険性があります。もしそうなれば、自民党の議席は減っても、改憲議席は確保されるでしょう。この政権のもとで、めざましい景気回復が実現されて大量失業が解消されたら、もはやこの国は元には戻れなくなるに違いありません。

野党が左派ポピュリズムでなかったために

これまで安倍さんが実に中途半端な経済運営をしても、なお若い世代を中心に支持を集め、選挙のたびに圧勝し続けたのはなぜか。緊縮政策と長期不況に痛めつけられて、あるいはそうなるのを恐れて、もう二度と不況時代に戻したくないと思っている大衆の支持を、欧米だったら左派ポピュリズムの勢力があって、全部が右派側に向かうことを止めていたはずです。この左派ポピュリズムの勢力が、日本には存在しなかったせいです。

後の章で詳しく見ますが、欧米の左派ポピュリズムの勢力がこぞって掲げる経済政策は、「反緊縮」の経済政策と呼ばれ、エリートの押し付けてきた常識である財政規律論や中央銀行独立論や規制緩和論などにこだわらず、大胆におカネを作って庶民の暮らしのために政府支出して雇用を拡大させることを提唱しています。

私は、安倍政権になってからそれ以前と比べていくつかの指標で経済状況の一定の改善があり、一般世論、特に若い世代がそれを実感していることが安倍自民党が選挙で勝つ理由だとして、そのデータを示してきました。安倍自民党に投票したり選挙にいかなかったりしている新自由主義犠牲者やその予備軍の支持を獲得するには、安倍自民党を上回る、もっと庶民生活を直接楽にする大胆な景気拡大策を一番目立つところに掲げなければならないと言って、左派やリベラル派の政党に政策姿勢を変えさせるためです。ところが全く聞き入れられなかったばかりか、言えば言うほどアベノミクスの礼賛者と言われて叩かれるありさまでした。

れいわ新選組が出た

ずっとそんな感じで、**いでよ日本のコービン、サンダースと念じている**うちに安倍政権がずるずる続いていたのですが。

やっと出た。……やっと出たわ！

と感じたのが、2019年のれいわ新選組の登場でした。

いや、事前にもし山本太郎さんから新党結成話を聞かされていたら、私なら反対していましたけどね。小心者ですから。

しかしともかく、日本で最初に、左派ポピュリズムにあたるフィールドに位置を占める政治的選択肢ができたわけです。「あたるフィールド」と言ったのは、太郎さん自身も「右」とか「左」とかいう言い方を否定していて「左派」とは名乗っていないし、実際、どんな政治的色がついていくのかまだまだ未知数だから、「左派」と言い切ることはできないからです。

でも「ポピュリズム」とは実際名乗っています。山本太郎さんはしばしば、「目の前で困窮している人のための政治をするのがポピュリストなら、喜んでポピュリストと呼ばれます」(毎日新聞2019年6月25日夕刊)と言っています。私はこのセリフを最初に目にしたとき、昭和の大女優山田五十鈴が戦後レッドパージの時代にアカ呼ばわりされ、「貧乏を憎み、誰でもまじめに働きさえすれば、幸福になれる世の中を願うことが、アカだというのなら、わたしは生まれたときからアカもアカ、目がさめるような真紅です」と言ったという逸話を思い出しました。まさにそうこなくっちゃですよ。

しかし、「生きているだけで価値がある」生身の個人の事情に徹する、真にポピュリスト的なポピュリストであろうとするならば、いかなる思想をも自己目的化してはならないし、同様に、国家も自己目的化してはならない。民族を超えて誰もが一人一人、生きていてよかったと思えるための、ツールにすぎないと位置付けるべきです。その立場はやはり、本来「左派」と呼ばれるべきものだと思います。

私は、**現代欧米に見られた左派ポピュリズムの潮流を「レフト3・0」と名付けました。**これは、1970年代全盛の旧社会民主主義やマルクス=レーニン主義の「レフト1・0」、1990年代全盛のブレア=クリントン路線やエコロジー共同体主義の「レフト2・0」に対する、左翼のニューバージョンと位置付けたものです。この3・0は、1・0や2・0のどんな否定で、どんな総合であるのか・あるべきなのか。その経済学や思想体系はどんなものであるべきなのか。それを、この本でこれ以降、「人は生きているだけで価値がある」という立場に基づいて築き上げていきたいと思います。

第二章

日本支配層の将来ビジョン――コロナショックドクトリンが示す円高帝国への道

I　消費税10％でめざす支配層のビジョン——コロナで加速！

コロナ前からリーマンショック以来の落ち込み

２０２０年の日本経済は大変な不況になりました。もちろん、新型コロナウイルス流行の影響であることは言うまでもありません。でもそれだけではありません。新型コロナ流行が起こらなかったとしても、日本経済が不況に陥っていたことは間違いがないことです。

日本経済は、もともと米中貿易摩擦に端を発した世界経済不安のために２０１９年に入ってからは落ち込みが見られるようになっていました。私も含め、多くの論者が、そんな状況の中で消費税を引き上げたらマズイぞと警告していました。しかし安倍政権は聞く耳を持ちませんでした。予定通り、10月に消費税率を10％に引き上げた結果、案の定、２０１９年10－12月期の実質ＧＤＰは、「瞬間風速」である前期比年率換算でマイナス７・１％という前回の消費税増税直後の２０１４年４－６月期のマイナス７・４％に匹敵する数字。ほかにもさまざまな指標が景気の落ち込みを示しました。

消費税を売値に転嫁できない

そもそも消費税10％の世の中というのはどんな世の中でしょうか。

消費税を2％分引き上げたあとは、コロナショック以前の段階でも、消費者物価指数の上昇率が前年の同じ月と比べて1％に達したことはありません。最高の19年12月でも0・8％です。

「いやいや、アルコール飲料以外の食料品は軽減税率で8％のままだから、2％も上がらなくて当然でしょ、そんなもんなんじゃないの？」とおっしゃるかたがいらっしゃるかもしれません。しかし、内閣府の「家計の目的別最終消費支出の構成」によれば、実質消費額に占める食料と非アルコール飲料以外の割合は消費税率に関わらず長年一定の約86％です。ちゃんと消費税を売値に転嫁できているならば、2％×0・86＝1・72％は物価が上がらなければならないはずです。

「いやいや、原油価格が下がってるから、そのせいでしょ」とおっしゃるかたがいらっしゃるかもしれません。でも、エネルギー価格は19年12月で0・6％しか下落していません。これが全部売値の低下に反映されるという、あり得ないことを想定したとしても、消費税を売値に転嫁できているならば、1・12％は物価が上がらなければならないはずです。

ところがそうなっていないということは、たくさんの業者が売値に消費税上昇分を転嫁できず、自分で負担していたということです。当然ですよね。消費者はみんな懐が厳しい中で一生懸命やりくりして生活しているのです。ちょっとでも売値を上げたらお客さんが逃げてしまいます。ライバル店もみんな同じことを考えてあまり売値を上げずにいるのですから、自分だけきっちり2%引き上げるなんてできるはずがありません。

こんな状態で体力のない個人業者や中小零細業者がいつまでもやっていけるはずはないですよね。多くの業者はどこかで息切れしてしまいます。

個人商店や中小零細企業が消えた世の中

それゆえ、消費税10%の世界とは、**地域の経済やコミュニティを担い、人々の生業の場となってきた、個人商店や中小零細事業が、もはや立ち行かなくなって一掃され、スケールメリットのある全国チェーン店やグローバル大企業ばかりが生き残る世の中**だと言えるでしょう。これは、単に当時景気が後退しはじめていた時期だからという話ではありません。賃金が年に3%も4%も上がるとか、消費者の人口が増えるとかしないかぎり、必ず起こることだと言えるでしょう。

たしかに、一部には、特別な才覚や技能に恵まれた業者がこれからも生き残ることでしょう。でも大事なことは、特別な才覚や技能があるわけではない普通の庶民が、普通にお天道様に恥じない仕事をして、コミュニティの中に居場所を持って生活していけることです。そういう普通の庶民の生業の場が壊されてしまうのが問題なのです。

たしかにその代わり、全国チェーン店やグローバル大企業が食いつなぐ場を提供することになるでしょう。しかしそこで働く人たちの多くは非正規の低賃金労働者ということになります。低賃金で、割高な地場の農家や中小零細企業の産物を買えなくても、円高による激安輸入品があるから生きていけるということになります。

政府財界が目指した社会にコロナでジャンプ

こんな路線は、今になって始まった話ではありません。小泉・竹中改革はじめ、このかん政府財界が一貫して目指してきたところです。「日本経済は国際競争力を失っている」と称して、生産性の低いとされる分野を淘汰し、生産性の高いとされる分野に労働などの生産資源を集中する。そのために、規制緩和や緊縮・デフレ政策を進めてきたわけです。消費税の引き上げもこの一環だと言えます。

消費税10％への引き上げによって、こうしたスカスカの格差社会への移行が着実に進んでいくことが懸念されました。実際、消費税引き上げを控えた19年9月以来、倒産件数の前年同月比増が続いてきました。

そこにとどめをさすようなコロナショックです。このために、この移行が後戻り不可能な一気呵成のジャンプとして起こることが懸念されます。

何もしないと円高でとどめ

さらに、先述のとおり、アメリカ政府が3兆ドル以上の経済対策を打ち出し、同中央銀行のFRBが4兆ドルのおカネを作る追加策をとってそれを支えるなど、世界中が巨額のおカネを作って財政支出する中で、もし日本が何もしないでいると確実に円高が進行します。

ただでさえ、世界経済が動揺するたびに円高が起こってきました。今回のコロナ危機でも3月はじめは大幅に円高に振れました。その後、ドル決済需要の高まりと、日銀の緩和策発表後の国債買入開始で一転円安に向かい、3月下旬に1ドル111円ぐらいまでつけましたが、そのあとは基本的に円高が進行するトレンドが続き、9月上旬現在、コロナ前と比べ3〜4円ほど円高の106円前後で推移しています。（その後も円高は進み、校了直前の10月終わりでは104円台にまで至っている。）ドル以外の主要通貨に対しても、概ね大きな目で見て円高のトレンドとなっています。日本の経済対策で出されるおカネが少なすぎる表れだと思います。

もともと、外国が大不況で物を買ってくれなくなっているときです。輸出は20年の4月以降、前年同月比2割以上の落ち込みが6月まで続き、7月分速報値も19・2％の落ち込みです。今後この調子でもっと円高が進行したらどうなるでしょうか。左派やリベラル派の世界では、円高になって困るのはトヨタのような大輸出企業ばかりというイメージがあるようですがそうではありません。輸入品との競争にさらされる業者や農家、輸出向けに軽工業製品や機械、部品を作ったりしている中小零細企業も直接間接に苦しめられます。

次ページ図表2－1では、わかりやすい例をとりあげてみました。上図は野菜の輸入数量と円相場の推移のグラフです。2008年と翌年の大不況で輸入が落ち込んだときを除けば、円相場が円安になると野菜の輸入が減り、円高になると野菜の輸入が増えていることがわかります。肉類も同様の傾向にあります。下図は典型的に中小企業が多い業種で、「織物用糸・繊維製品」の輸出と円相場の推移のグラフです。今度は円相場が円安になると輸出が増え、円高になると輸出が減っていることがわかります。

今後円高が進むと、中小零細企業や農畜産業者の中には、さらなる打撃を受けるところが多くなると懸念されます。

図表２-１　野菜の輸入数量、繊維製品の輸出金額と円相場の関係

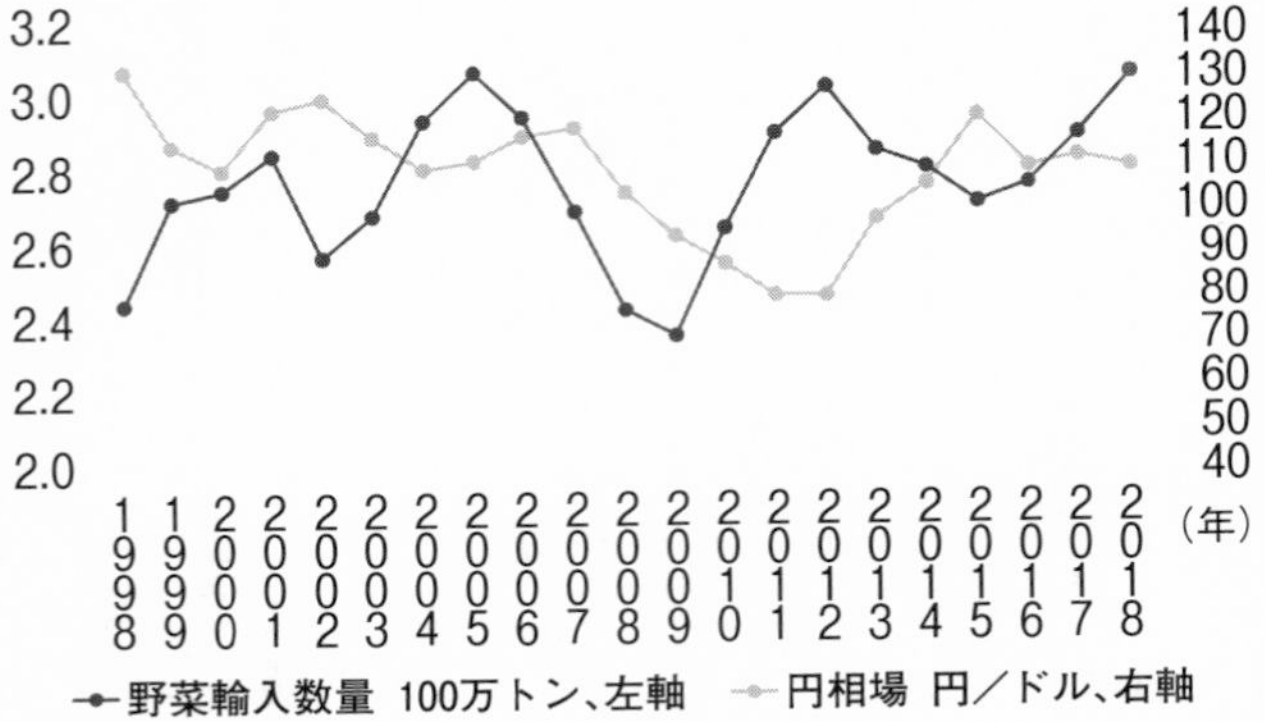

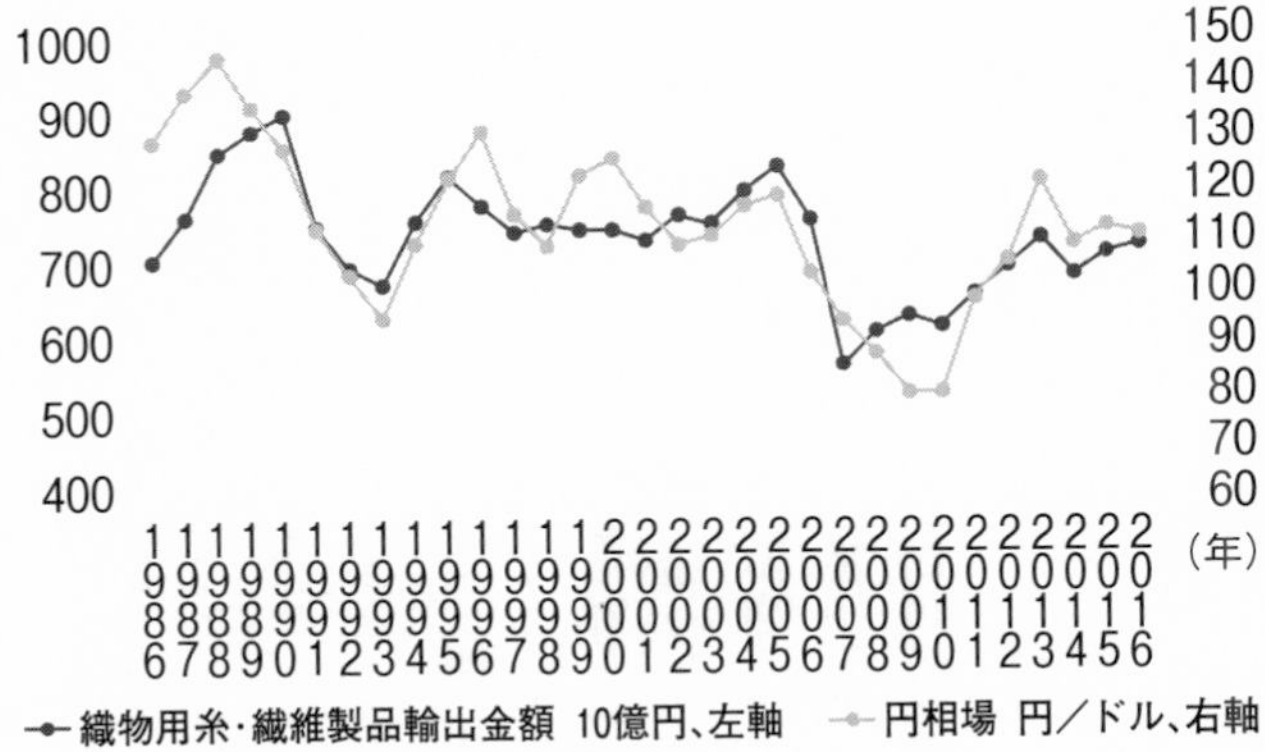

財務省貿易統計と経済財政白書長期統計より作成（ウェブからデータが取れる全期間）

Ⅱ　政府経済対策を貫く民間シンクタンクの提言の精神

東京財団政策研究所の緊急提言

コロナショックが始まってそんな危惧に怯えていた中の2020年3月17日、東京財団政策研究所が「緊急提言」を発表しました。この研究所は、以前、竹中平蔵さんも理事長を務めておられたことがありました。今回の提言は、財団の研究主幹の小林慶一郎さんと上席研究員の佐藤主光《もとひろ》さんが発起人になり、当初からの賛同者にはこのかんの政府の政策に影響を与えてきた経済学者が名を連ねています。

今述べたような目でこの提言を読んでみると、これは、この支配層のコンセンサスに立ったビジョンを、コロナショックを奇貨に一気に実現しようという意図のもと、周到緻密に設計された経済政策パッケージだということがわかります。そこには次のような提言が並んでいます。

・財政出動は、需要不足を補うだけのものではダメ。生産性を高める分野に重点投資せよ。（提言2）

・100兆円を限度として日本銀行がETF（上場投資信託）や生株を買うことは容認。

（提言5）
・消費税減税を否定して、所得急減者に的を絞って生活支援給付。（提言6）
・それを超える支援は給付ではなく貸し付け。3年後に未返済の分から利子を払わせる。（提言7）
・企業の退出（廃業、倒産）と新規参入による「新陳代謝が不可欠」として、さまざまな事業安楽死策を提案。「度重なる天災・自然災害ごとに中小企業へ支援するのはややもすれば過度な保護になり、新陳代謝を損ないかねない」。（提言8）

政府支出は生産性を高める分野と所得急減者に

つまり、生産性を高める分野に絞って政府支出する図式です。大衆の消費需要を拡大することによって、個人事業・中小零細事業に対しても救済となるような需要の作り方（消費減税・全員一律給付）は否定されています。給付金は需要拡大策ではなくて、あくまで生活を最低限支えるための緊急避難策と位置付けられています。

しかも給付する相手はどうしても必要な所得急減者に絞り、それ以外の支援は貸し付けにする原則です。つまり返せない業者は退場しろというわけですね。そしてこの際コストをかけずに廃業できるように支援をしてやろうという仕組みになっています。

後日発起人の二人は「フォローアップ」の動画を公開されていて、その中で、この基本精神を端的に「社会政策と経済政策を切り離す」と表現されています。そのかんに出された政府の経済対策に需要喚起の要素が入れ込まれていることを批判して、「我々の提言は需要喚起策ではない」と述べられています。

国債増発して日銀が買うのはダメでETFはいい？

ところで、もともとこの東京財団政策研究所提言の発起人たちは、これまでアベノミクス批判で知られ、日銀が通貨をたくさん作る金融緩和にどちらかというと反対の立場の人たちでした。それなのに、ETFや生株に限定して日銀が買っていいと言って、言い訳めいたことを書いているのです。積極的主張の論調ではなくて。ということは、当然それ以外の、例えば政府のコロナ対策のために出された新規国債を日銀が買い支えることについては、従来どおり否定的と読めます。

政府が発行した新規国債を日銀が買い取れば、大衆や中小零細企業を助ける政府支出ができた上に、金利低下で円安になるために国内製造業には有利となります。それを避けて、あえてETFや生株だけを大量に買えというのはどういうことでしょうか。うがった見方をすれば、株の買い支えで大企業を直接優遇することに加えて、日本株が上がって首尾よくいけば日本での運用を誘って円高要因になり、中小零細企業の淘汰にもつながってちょうどよい、とすら思っているんじゃないかと受け取れます。

世界で一番コストの低いところに仕事がいく？

なお、先述の東京財団・提言2の、財政支出で投資すべき「生産性を高める分野」として具体的には、「デジタル化」と称し診療、授業、行政手続き、仕事などのオンライン化があげられています。感染防止策として今世論に通りやすい大義名分になっていますが、実際に無原則に実現されると、世界中で一番コストの低いところにオンラインで仕事が持っていかれ、地場の業者、医療、教育機関が淘汰されかねないところに注意すべきです。

自民党の会議での大和総研提言プレゼン

その後、3月26日に、自民党の「経済成長戦略本部・新型コロナウイルス関連肺炎対策本部」の合同会議で、大和総研のエコノミストが経済対策の提言をプレゼンしています。その内容も、骨子は東京財団の提言の精神にそったものでした。ただし、いろいろと配慮をいれてマイルドになっていました。もっとも、このプレゼンの作成者が直接東京財団の提言を読んで参考にしたかどうかはわかりません。東京財団提言の目指すビジョンは、もともと日本の支配エリートのコンセンサスですから、それを共有する人が合理的に考えれば似たようなものになります。

政府経済対策は大和総研提言が下敷き

そして4月7日に発表された政府の経済対策は、ほぼこの大和総研のプレゼンを下敷きにして作られていました。

規模も、見かけこそ108兆円の事業規模（4月20日に修正されて117兆円）に詐欺的に膨らませて見せましたが、今回のコロナ対策への新たな政府支出部分（いわゆる真水）は18・6兆円（修正後は27・6兆円）、うち一般会計だけでは16・7兆円余り（同25・7兆円）にすぎませんでした。これは「国費投入10兆〜15兆円以上」という大和総研の提言の規模感にほぼそっていました。

政府の対策は、感染収束までの生活保障の「緊急支援フェーズ」と収束後の需要喚起策の「V字回復フェーズ」の2つのステージに分けているところが大きな特徴です。実はこの2ステージ分けは、大和総研の提言の特徴と同じです。

また、東京財団にも共通するのですが、「消費税減税の拒否」「損失補償の拒否」「所得急減者に的を絞った現金給付」「融資中心の事業支援」などの点も大和総研と同じでした。現金給付については、対象者が狭いことが批判され、多くの人々が声をあげた結果、10万円の一律給付が決まりました。しかしこれも、もともと大和総研の提言では次善の譲歩オプションに入っていました。

第2ステージについては、「Ｇｏ Ｔｏ キャンペーン」と称した観光、運輸、飲食等の需要喚起策と、「デジタル・ニューディール」と称した、東京財団の提言で提唱されたようなオンライン化推進策を二大柱としてあげていますが、これもまた、実は大和総研の提言にしたがっています。そこに、この機に乗じて懸案である事業を入れておこうと各省庁が持ち込んできたプロジェクトが追加して並べられている構図になっています。

なお、東京財団提言を書いた小林慶一郎さんは「Ｇｏ Ｔｏ キャンペーン」には批判的で、コロナウイルス禍が長期的に定着して恒久的に需要が縮小する見通しを理由に、観光や外食やレジャーなども「新陳代謝が必要」と淘汰の対象としています。先述の動画では、もう一人の提言発起人の佐藤さんともども、政府経済対策がさまざまな需要喚起策によって歪められていることにお怒りです。

中小企業支援策は訴えないと骨抜き

他方政府対策は、さすがに東京財団や大和総研が提言しているような「新陳代謝」などの刺激的な言葉はなく、見かけとしては中小企業の継続支援を表に出したものになっています。しかし、よく報道されたとおり、さまざまな中小企業支援策は、手続きが煩雑すぎる上、条件が厳しく、審査、入金までに時間がかかりすぎて役に立たないことが指摘されました。給付の上限枠も厳しく、多くの場合このかん強いられた損失をとてもカバーできません。支援の中心は融資ですが、東京財団の提言のとおり、無利子は3年だけでそのあとから利子がつくことになっています。国はほとんどゼロの超低金利で資金調達しているのに。

あまりのことに世論の批判が高まり、検察庁人事問題もあって内閣支持率が急落して政府もあせったのでしょう。6月までの報道では、遅まきながら、支援策の改善に乗り出しているようです。

でも、自民党若手議員による積極財政的な経済政策提言をとりまとめた安藤裕衆議院議員が、粗利補償をしないと中小企業がつぶれると訴えたところ、自民党幹部が「これでもたない会社はつぶすから」と答えたと言います。また、5月3日には元通産政務次官の逢沢一郎自民党衆院議員が「ゾンビ企業は市場から退場です。新時代創造だね」とツイートしました。**東京財団的ビジョンは、やはり政府自民党上層部に貫かれているのです。**

おまけに、東京財団提言の発起人の小林慶一郎主幹は、5月12日、政府のコロナ対策の「基本的対処方針等諮問委員会」の委員に決定しました。

さらに、20年7月17日の『日本経済新聞』朝刊は、「中小企業減 容認へ転換／政府、社数維持の目標見直し 新陳代謝促し生産性向上」と題して、政府が従来掲げてきた中小企業数維持の目標を20年の成長戦略から削ると報じました。政府関係者は「事実上、廃業の増加を認める方針への転換だ」と解説していると言います。新型コロナで倒産激増の実態に合わせた体をとっていますが、より規模の大きい中堅企業への成長目標や、一人当たり付加価値額の上昇目標は掲げるとあり、この機に乗じて支配エリートのめざす淘汰路線を進めようという感がありありとします。

菅さんのブレーンは淘汰路線を唱道してきた

その後首相になった菅義偉さんは、自民党総裁選のときに、日本経済新聞に対して中小企業基本法の見直しを表明しています（同新聞9月6日記事）。中小企業の統合・再編を促進するためだと言います。

中小企業基本法が中小企業の成長や効率化を阻害する「諸悪の根源」だと批判してきた人といえば、デービッド・アトキンソンさんです。アトキンソンさんは、かねてから、日本の生産性が上がらず停滞しているのは、生産性の低い中小企業が多すぎるせいだということを主張してきました。

また菅さんは、以前から最低賃金の大幅引き上げを主張し、総裁選でも訴えていました。これもアトキンソンさんの持論です。しかし「生産性向上」のための手段として提唱しているということに注意してください。労働者の暮らしの改善のために最低賃金の引き上げを主張してきた人たちは、同時に中小企業支援が必要だと言うものです。私は賃上げ資金のために、日銀マネーを政策銀行を通じて無利子ないし極端な低金利で融資する方法を提唱しています。アトキンソンさんはそうしたことを言わず、淘汰の手段として提唱しているのです。

実は菅さんは、「観光立国の仕組みづくりに際して、アトキンソンさんの本を読み、感銘を受け、すぐに面会を申し込んだ。その後何度も会っている」ということです。菅さんは、2019年に官房長官として、海外の富裕層が宿泊するような高級ホテルを国の支援で50ヵ所開発していくと表明して、当然のことながら世論の批判を受けています。これに対してアトキンソンさんは、地方の良質な雇用を増やす賢い投資になると、絶賛擁護しています。高齢化が進んで労働力人口が少なくなる地方で、介護などに確保しなければならない労働を、海外の富裕層の世話をするために取られてしまうのに……。

コロナ禍の真ん中でこのような淘汰路線が推進されると、たくさんの人たちが職を失ったままになるでしょう。しかし、どうやらポスト安倍時代は、これまで以上にあからさまにこの路線が推進されそうです。

Ⅲ　大衆向け生産物は東南アジア進出企業で作る世の中へ

大企業エリートは国内市場に見切りをつけている

それにしてもこの東京財団的未来像、非正規労働ばかりになって賃金は低くなるし、消費税は10％もある（それどころかもっと上げるつもりらしい）し、そうしたら少子化もますます進むでしょうから、国内市場に希望がなくなります。そんな未来は財界の人たちにとっても、困るんじゃないでしょうか。

いやそれが困らないのですよ。というか、グローバルに活躍できる財界主流派の大企業エリートたちは、人口が減っていく日本の国内市場など、とっくに見切りをつけているのだと思います。だからこそ、国を見捨てて海外に出ていっているわけです。

円高で中小企業が海外に追い立てられたころ

以前、民主党政権期の1ドル70円台の超円高の時代、高い技術を持ったたくさんの中小企業が、国内でやっていけなくなって、追い立てられるように海外に出て行きました。私はあのころ、東日本大震災の年の年末に、名古屋で中小企業の経営者の人たちを相手に講演をしたことがあります。終わってからの懇親会では、こんな円高ではとてもやっていけないと暗い話になりました。みなさん自分の技術に誇りをもっていらっしゃるし、地域で雇用をつくる責任も自覚しておられるのです。だからできるだけここで事業を続けたいのだが、でもやっていけない、タイに出ていこうかといった話を口々に、真剣にされていました。

安倍政権成立後の東南アジア進出急増

その後、安倍政権期になって円安になったので、やがて国内回帰が始まりましたが、円高前の国内生産能力が戻ったわけではありません。

それどころか、円高で無理やり追い立てられることはなくなったはずなのに、安倍政権ができてから、東南アジアに対する企業の進出が急増しています。次ページ図表2－2の上のグラフは、日本から東南アジアへの、工場などを作るための年々の直接投資から回収分を引いたネットの直接投資の推移を、下のグラフは、日本から直接投資された分の工場

図表2-2　東南アジアへの直接投資の増大

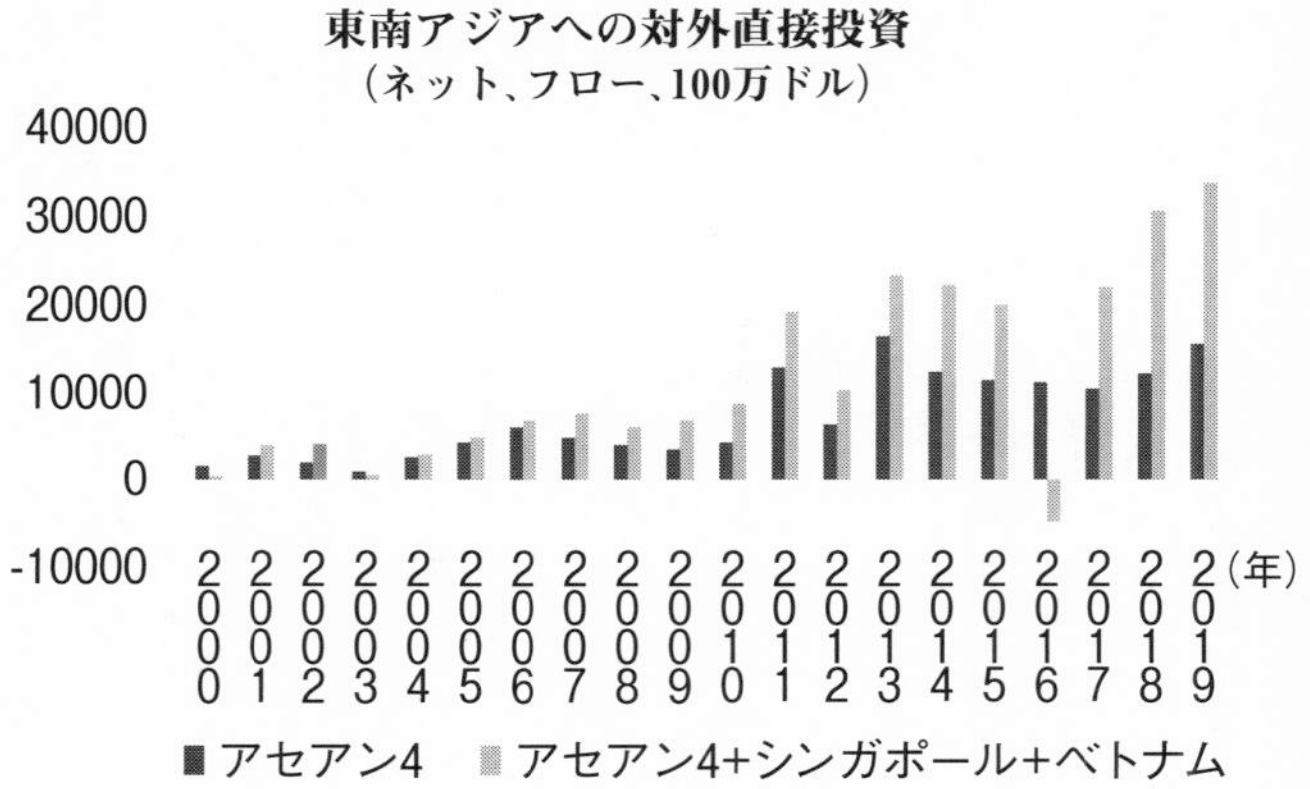

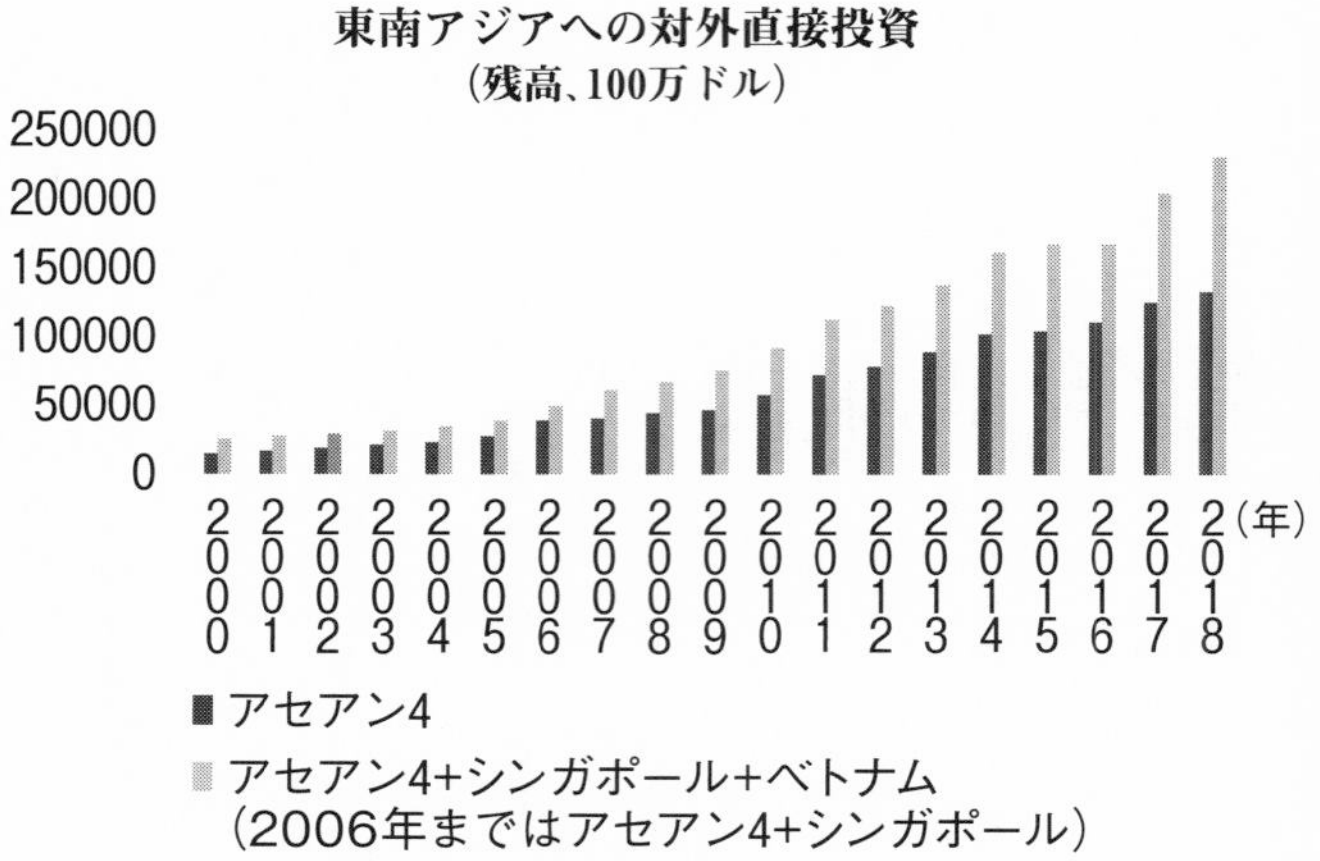

ジェトロ「直接投資統計」https://www.jetro.go.jp/world/japan/stats/fdi.html

などの総額（残高）の推移を示したものです。上のグラフを見ると特に、円高が進行した2011年は特別として、安倍政権成立後の2013年にジャンプして増えていることがわかります。

もちろん日本からの対外直接投資は世界中に向けて増えているのですが、2019年分のネットの直接投資で見ると、中国へは約144億ドルだったのに対して、アセアン4（タイ、インドネシア、マレーシア、フィリピン）にはそれを上回る約159億ドル、シンガポール一国に対してでも約157億ドルでした。2019年末時点での残高で見ても、アセアン4（約1513億ドル）は、中国（約1303億ドル）よりも多くなっています（2016年から抜いています）。

なぜ放っておけば円高が進むのか

東南アジアにかぎらず、このかん企業の海外進出はどんどんと進んでいきました。その結果、海外子会社からの利潤の送金が年々高まっています。これは、将来的にもずっと増える一方になるでしょう。貿易収支や国際的な資金の貸し借りや投資は、そのときそのときの経済環境で増えたり減ったり変動しますが、この送金は確実に増え続けていくのです。

図表2-3　日本に送られる対外直接投資収益の推移

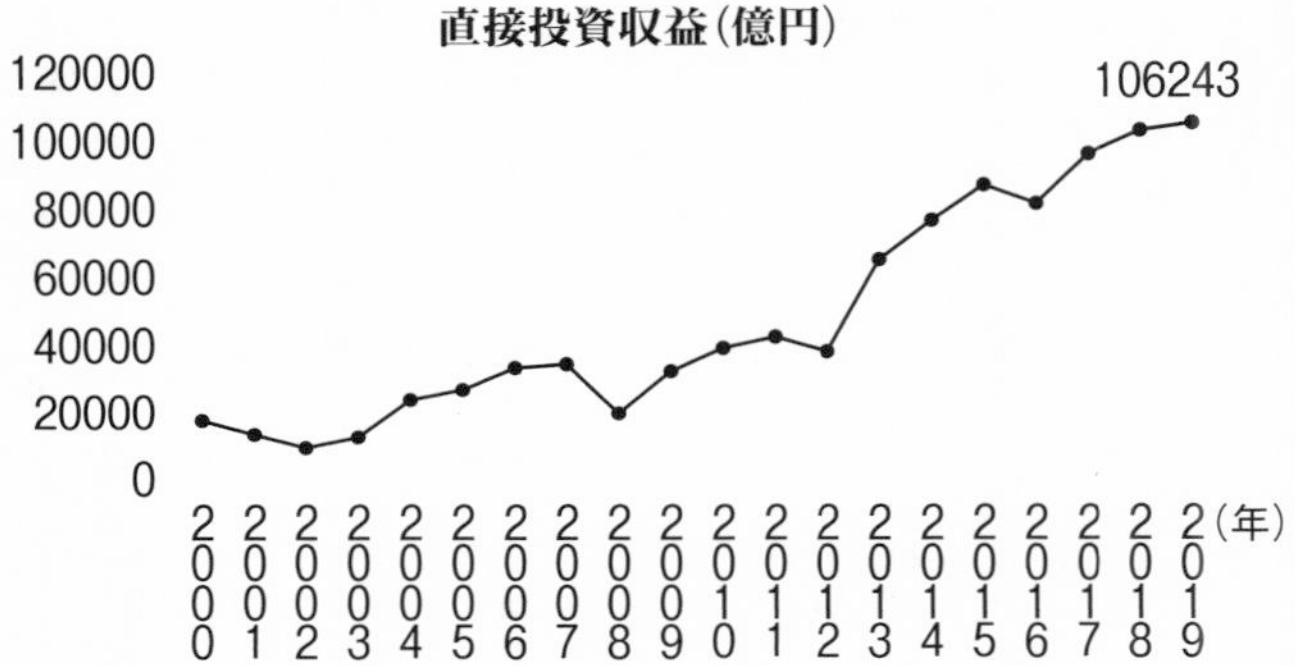

財務省「国際収支状況　Ⅲ.第一次所得収支の推移」

https://www.mof.go.jp/international_policy/reference/balance_of_payments/bpnet.htm

図表2－3は日本に送られてくる直接投資収益の推移を示したグラフですが、安倍政権成立後跳ね上がって伸びていることがわかります。2019年は10・6兆円に達していますが、この年の経常黒字は20・1兆円です。半分は直接投資収益なのです！

これは外貨で送金されるので、日本では円に換えなければなりません。ということは円高になります。つまり**日本経済には長期的に通奏低音として円高圧力がかかり続けるということです。**

さらに、中期的にはいずれ量的金融緩和が出口にきたとき、多少とも金利が上がりますから、これまでに比べて日本で資金を運用する有利さが高まって、やっぱり円高になります。よって当面見通せる将来は、一生懸命政策的に抑えることのないかぎり、円高傾向が自然であると見込まれます。

円高で産業空洞化していいというビジョン

日本経済はこれまで、多くの中小企業が部品や機械を作って輸出と雇用を支えてきました。先述したとおり、リーマンショック後の円高時代、たくさんのこうした企業が日本国内で事業を続けられなくなり、工場をたたんで海外に出ていきました。再び円高時代がくると、またこれが再現され、**産業空洞化が進行する**ことになります。

それに対して「これでいいのだ」というのが、このかんの日本の支配エリートの立てた「東京財団」的ビジョンになるわけです。日本はどだいもう国内消費需要の成長は望めない。食品も衣料も家電も車もそのための部品や素材も、およそ大衆向け生産物の生産など、日本はもう優位性を失っているのだから、国内で作る必要はない。そんな旧態依然たる生産物の生産は東南アジアに任せればよろしい。これから拡大するアジアの大衆需要を取り込むために、その市場の近くに進出して現地の安い賃金・低い労働条件で生産し、その一部を日本向けに輸出すればよろしい。円高だから安く輸入できるので、国内で費用をかけて高い価格になってしまう非効率をなくせる。……こういうわけです。

Ⅳ　地域帝国主義の整合的な将来ビジョン

日本が突出するＴＰＰでのＩＳＤＳ条項の狙い

こうしたことを念頭におくと、興味深い事実があります。

なぜ安倍政権はアメリカが入らないＴＰＰ（環太平洋パートナーシップ協定）にこだわったのでしょうか。アメリカが入らないＴＰＰは日本が先進国として突出することになります。そのことは何を意味するのでしょうか。

内閣官房のＴＰＰ政府対策本部のサイトを見ると、進出企業が現地政府を訴えることができるようにするＩＳＤＳ条項（投資家対国家の紛争解決）について、こんなふうに書いています。

「海外で活躍している日系企業が、進出先国の協定に反する規制やその運用により損害を被った際に、その投資を保護するために有効な手段の一つになる」

つまり、日本企業の進出先のアジアの国で、政権が代わったり自治体が独自政策をとったりして、労働保護基準や環境保護基準を強化したり、開発を禁止したりして、進出企業が当初より損をする動きがおこったら、これを武器にして恫喝してやろうというわけです。

ＩＳＤＳ条項って、ＴＰＰ反対派の人たちは「アメリカの食い物にされる」と言って目の敵にしていたものですよね。それが、アメリカが入らなくなってもシレッと残っていた。今度は日本が加害者になるために……ということです。

つまり、**対米従属下であっても、相対的にそこから自立した地域帝国主義を狙っているということです。**日本の支配エリートの中には、ＥＵがドイツ資本主義の一人勝ちの第四帝国になっている現状を、成功モデルとして眺めている勢力がもちろんあったろうと思います。東南アジアを経済的勢力圏としてその盟主として君臨する野望は当然出てくるでしょう。

自衛隊の海外派兵は何に使えるか

この上に、自衛隊を海外派兵できるようにする動きが重なると何が見えるでしょうか。日本企業が東南アジアにたくさん進出するのは、低賃金で現地の人々を搾取するためです。調子に乗っていると反発を買って、当然、激しい労働運動やテロなどで進出企業やその駐在員が危険にさらされる事件は起こるでしょう。はなはだしくは、政権が転覆して日本企業が国有化される事態が起こるかもしれません。そのとき、「日本人の生命と財産を守る」と称して、最終的には自衛隊を派遣して実力で守るということではないでしょうか。アメリカに言われてしぶしぶ中東に派遣できる法体制を作っているように見せておいて、実はこれが狙いなのではないかという気がします。

中韓とのショバ争いに備えて北方の安全確保

そのうえもっと憂慮すべきことがあります。東南アジアに対して企業が進出しているのは、中国も韓国も同じです。よってこうした協定や、とどのつまりは武力によって、自国企業の便宜を図ろうという動きは、先方からも同様に起こるでしょう。そうすると、要は「ショバ争い」が起こります。そんな中で、日本企業を標的にしたテロや大規模デモなどが起こったとき、日本の支配層が、「背後に中国の陰謀がある」などと喧伝することになったならば、自衛隊の実力介入に世論の支持がつくかもしれません。それに対抗して中国も出張ってきたら、悪くすると本当に戦争までいくかもしれないのです。

そう考えると、クリミア侵攻などで多くの西側の国々がロシアのプーチン政権に冷たい中で、安倍さんが、領土問題進展の見込みが薄いのに一生懸命プーチンさんに入れ込んだのはなぜかがわかります。これから東南アジアで中国帝国主義と覇を争う野望があるとすれば、北方を安全にしておくという意味があるのだと思います。マスコミは領土問題で成果が得られないことをさんざん叩きましたが、日本の支配層にとっては大いに成果が得られているのだと思います。

こうした一連の動きを、**「大東亜共栄圏」へのいつかきた道**と感じるのは思い過ごしなのでしょうか。

この体制は労働者も中小零細業者も損する

しかしこの現代の帝国主義は、昔の帝国主義と大きく違う点が一点あります。昔の帝国主義には「労働貴族」というものがありました。

ほんの四半世紀前ぐらいまでは、鉄鋼も化学製品も電機製品も自動車も、いわゆる重工業製品はみんな先進国で作っていたのです。先進国の主に男性の熟練労働者が担い手でした。植民地や、独立はしても先進国の経済的従属下にある発展途上国では、プランテーションの農産物や鉱物などの一次産品か、せいぜい繊維産業などの軽工業製品が作られていました。

植民地や発展途上国に進出した先進国の資本が、現地の人々を低賃金で搾取しても、先進国の熟練労働者には被害はありません。むしろ、それで先進国の大きな企業が大儲けできたならば、自分たちの搾取を緩めることができて好都合とさえ言えました。だから、労働者でも帝国主義的搾取のおかげで比較的いい暮らしができる「労働貴族」が厚みのある階層として出現し、支配層といっしょになって帝国主義政策を支えるということも起こったわけです。

しかし現代は違います。技術が進歩したおかげで、発展途上国でも、鉄鋼も化学製品も電機製品も自動車も、たいがいの工業製品がみんな作れてしまいます。すると、発展途上国で賃金が安くてそのほかの労働条件も低くて、企業が現地の人たちをこき使ってウハウハ儲けられたならば、先進国では企業が工場をたたんで出ていって、雇用がなくなって労働者は散々な目にあいます。

今、進行しつつある日本の帝国主義化もそうです。低賃金を目指して企業の海外移転が進んで国内の雇用がなくなるし、海外子会社からの利潤送金のせいで円高が進んで国内景気は悪化するし、海外進出企業の低賃金激安製品が逆輸入されて国内競合産業は壊滅するし、労働者階級にとっても中小零細業者にとっても、全くもってろくなことはない路線です。

サービス労働は低賃金。高付加価値労働は残業代なし

でも、日本資本の繁栄をよしとする立場からすれば、たしかに「国益」にかなっているのでしょう。

製造業や農業などを衰退させて、国内に残る雇用は何か。非正規低賃金のサービス労働か、さもなくば、資源を集中すべき「生産性の高い」分野の「高付加価値」労働です。これを称して支配エリートは、「産業構造の転換」と言ってきたのです。

低賃金サービス労働者の方は、先述したとおり、海外のもっと低賃金の国で作られた生活物資が円高で輸入されるので、それが激安で買えて生きていけます。

「でも、これからは高齢化で財政支出がかさむので、まだまだ国債を出しておカネを作らなければならなくなって、世の中に円があふれて円高は維持できないのでは？」と疑問に思いますか。大丈夫です。十分円高なら、生活物資は激安だから、消費税をもっともっとかけても大丈夫で、高齢化にともなう支出をある程度抑制すれば、そんなにおカネを作らなくても財源を確保できます。法人税を上げる必要もありません。それに、製造業で雇用がなくなる分、低賃金のサービス労働として、高齢化で必要になる介護労働は確保できて、人手不足問題もばっちりです。

それで、国内に残す高付加価値工程については、労働者を「高プロ制（高度プロフェッショナル制度）」で残業代を出さずに長時間こき使って、この体制下でも国際競争力を維持しようというわけです。

アジア盟主の地位への歴史歪曲イデオロギー

こんなに民衆にとってろくなことはない体制なのに、東南アジアでごたごたが起こったら巻き込まれて、中国や韓国と張り合って、場合によっては自衛隊が出張っていく。そんなことにどう国民的合意を作るのでしょうか。そのために、過去の日本の侵略を指摘されると言いがかり扱いして、「欧米の植民地支配から東南アジアを解放した偉業」として美化し、それを現代に引き継ぐ国民的使命感に訴えるイデオロギー宣伝が必要になるのだと思われます。**一連の「日本会議」的復古ナショナリズムや愛国教育、「日本スゴイ」的マスコミ宣伝が、そのために役立つというわけでしょう。**

こう考えると、政府・自民党がこのかんやってきたことの一つ一つがみんなジグソーパズルのようにうまくはまります。もちろん、私はこの国を動かす黒幕が軽井沢の湖畔の別荘に集まってこうしたことを全部設計したと言うつもりはありません。過去四半世紀の支配エリートのコンセンサスの流れの上で、官僚や政治家や財界エリートが、それぞれの持ち場で合理的にそれぞれのパーツを作ったならば、大状況に流された自然の成り行きで、結局きれいにつじつまが合った全体像が出来上がるものなのだと思います。

V　帝国主義を導く保守・リベラル共通のエリートコンセンサス

この問題設定には1ミリも乗ってはならない

以上のような将来ビジョンが、政財官マスコミのエリートに共有される経済認識から必然的な成り行きとして導かれるものならば、こうした将来の実現を阻止するためには、このエリートコンセンサスの経済認識をトータルに拒否しなければなりません。まとめて言うと次のようなものです。

（1）日本経済の衰退の原因は、旧来の産業構造からの転換が遅れ、国際競争力を失っていることにある。このままでは国際競争に負けて没落してしまう。
（2）生産性の低い企業・産業が、規制や財政投入や円安誘導のおかげで温存されている。このようなゾンビ企業を一掃して、そこに囚われていた生産資源を解放し、これから経済をリードする高生産性部門に生産資源を集中させなければならない。
（3）日本は財政危機にある。このままでは財政破綻は必至であり、それを避けようとすると通貨をたくさん出すことになり、円の価値が大きく損なわれてしまう。円の信認を維持して、その価値を高く保つために、プライマリーバランスの黒字化を目指すべきである。
（4）そのためには消費税の引き上げが必要である。また、財政の無駄を削り、やみくもな需要刺激ではなく、生産性を高める分野に集中して財政投入する「ワイズ・スペンディング」をしなければならない。

この問題設定のもとで、この四半世紀、マスコミを動員して「改革」が行われてきました。経団連は雇用の非正規化の号令を出し、橋本龍太郎政権は消費税引き上げに緊縮財政を重ねて本格的デフレ不況をもたらし、小泉・竹中改革が就職氷河期でロスジェネを生みだしながら推進され、民主党政権も橋下府政も財政再建を競い、安倍政権が消費税を引き上げてきたその路線の上に、中小企業淘汰のコロナショックドクトリンと地域帝国主義への道が待っているのです。**この問題設定には1ミリも乗っかるわけにはいきません。**

日本の製造業の生産性は停滞していない

例えれば、およそ賃下げや首切りを押し付ける経営者は、いつも会社の業績をことさらに悪く言い募って危機意識を煽るものでしょう。国の支配層も同じ手口を使って危機感を煽り、雇用の非正規化や労働条件の切り下げや規制緩和や大企業減税や緊縮政策を押し付けてくるものです。それは世界の通例です。日本の生産性が低いとさんざん言ってきたアトキンソンさんたちの議論は、その意味で支配層にとってとても都合のいい議論です。

そもそも国際競争力なんて円が安くなればいくらでも湧いて出るもので、まともな経済学者は使わない意味不明な概念です。だいたい、日本経済の生産性が上がらなくなったのが停滞の原因だとする構造改革時代の教条は、それを唱えた代表格の林文夫さんが音頭をとった鳴り物入りの実証プロジェクトでも結局実証できませんでした。

当然、総需要不足が長期停滞の原因だったのです。日本は先進国で唯一、長期にわたって総需要が停滞してGDPが名実ともに抑えられてきたので、解雇に多少とも摩擦があるもとでは、他の先進国と比較して労働生産性が低く計測されるのも不思議ではありませんが、それは技術的な劣等性を反映するものとは言えません。

特に、第三次産業化が進んでいますが、第三次産業は稼働率調整ができないので、不況で客がこなくなれば生産性が下がったかのように計算されるほかないのです。個人業者は雇用調整ができませんからなおさらです。

中でも、サービス業は労働集約的なところに非正規化が進んで賃金が抑制されてきましたので、総需要が十分でなければ付加価値が低くなります。大企業がこれまで自社内で比

図表２-４　先進国の製造業の労働生産性の推移

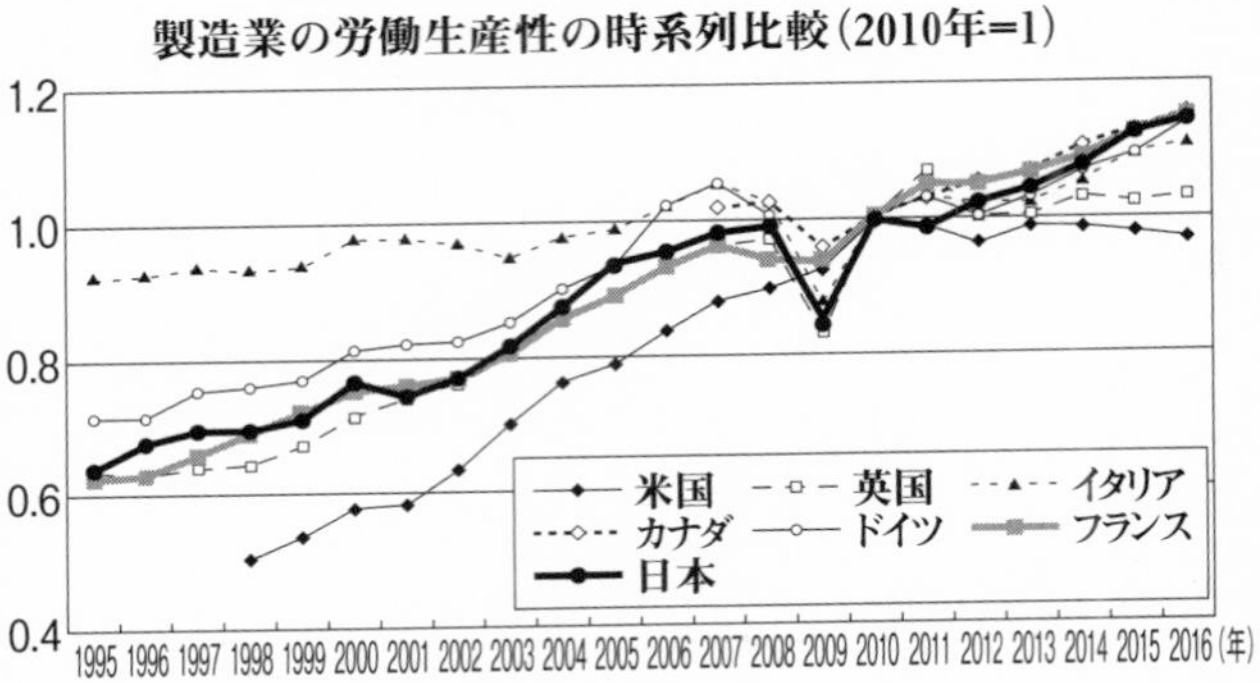

労働生産性平均上昇率

	1995～2016年	1995～2009年	2010～2016年
米 国	3.2%	5.7%	-0.6%
英 国	2.3%	2.8%	0.4%
イタリア	0.9%	-0.3%	1.7%
カナダ	1.3%	-2.9%	2.1%
ドイツ	2.2%	1.1%	2.1%
フランス	3.0%	3.0%	2.3%
日 本	2.8%	2.1%	2.2%

日本生産性本部「労働生産性の国際比較2018」

https://www.jpc-net.jp/research/rd/pdf/F3_01.pdf

較的高賃金で行ってきたことのアウトソーシング（外部委託）を進めていることも、全体としての付加価値を抑えます。これらもまた、あたかも生産性が下がったかのようなみかけをもたらします。

また、図表２－４は、日本生産性本部が２０１８年に発表した製造業の労働生産性の推移の国際比較で、２０１０年を１としたものです。これを見ると、日本の製造業の生産性は、停滞しているどころか、先進国の中でも上がっているほうだということがわかります。

名目ＧＤＰの労働生産性の順位が低いだって？

時々見られるのは、名目ＧＤＰの労働生産性が先進国の中でも順位が低いとか、競争力ランキングの順位が落ちているとかいうものですが、名目ＧＤＰはドルで比べますので円安になれば何も変わっていなくても低くなります。

しかも、名目ＧＤＰの労働生産性で比べても、アジア諸国の中では、日本は依然としてダントツです。次ページの図表２－５をご覧ください。これもやはり日本生産性本部が２０１８年に発表しているものです。中国が猛烈に追い上げているとはいっても、２０１７年でまだ日本の37％です。

図表2-5　アジア諸国の名目労働生産性の推移
（1人当たり／2000〜2017年）

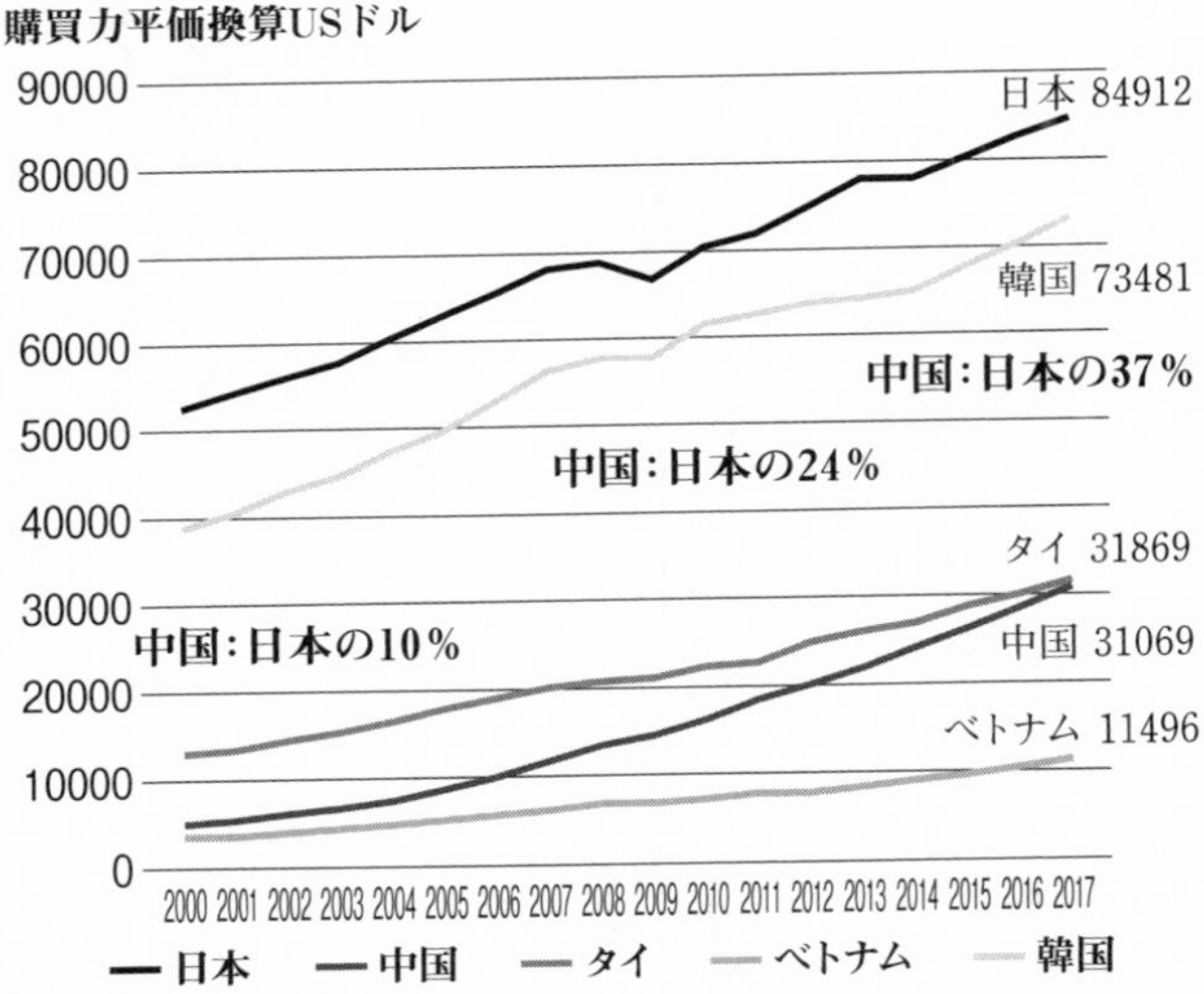

日本生産性本部「労働生産性の国際比較2018」

https://www.jpc-net.jp/research/rd/pdf/F3_01.pdf

労働者の搾取しやすさのコンテスト

また、「競争力ランキング」と称するものは、ビジネススクールなどがグローバル大企業のお金儲けにとって都合のいい環境を指標づけして、財界団体を通じて企業経営者にアンケートをとって作っているものです。そんなもののランクが高くても、労働者を搾取しやすい国というだけのことで、庶民にとって何もいいことはありません。

リベラル派論客も同じ問題設定を言ってきた

ところが注意しなければならないのは、前出の（1）〜（4）は、自民党に反対する立場の、いわゆるリベラル派の論者の口からもこのかん言われてきたのではなかったかということです。試しに、「国際競争力」「産業構造の転換」「ゾンビ企業」「財政破綻」「通貨の信認」等々のキーワードといっしょに、思いつくリベラル派の経済論客の名前を並べて検索してみてください。そっくり同じようなことを言っておられる人が必ず見つかると思います。

これに似たような問題設定は、冷戦後世界中で新自由主義者によって持ち出されたものですが、それを受けて、イギリスのブレア労働党政権やドイツのシュレーダー社会民主党政権やアメリカのクリントン民主党政権やフランスのオランド社会党政権といった、「レフト2・0」のリベラル派・中道左派のエリートたちはこぞって、ほとんどそのままこの問題設定に乗っかってしまったのです。その結果は、新自由主義とほとんど変わらない緊縮と労働条件抑圧と経済停滞をもたらしただけでした。

日本の「リベラル」もその例外ではなかったというわけです。90年代のリベラル論壇は、これらの新自由主義者の問題設定を丸呑みした上で、「不良債権処理が不徹底だ」とか「財政健全化が不徹底だ」とか「構造転換が不徹底だ」とか、自民党がこれらの課題を実現するには無能であるといって批判するポジションを取ったのですが、それで煽った世論では政権につけず自ら手を汚さなかった代わりに、小泉フィーバーとか橋下フィーバーとかの、より徹底した新自由主義勢力の手でくだんの問題設定の課題解決を求める世論を作り出してしまったのです。そして大衆がこの問題設定に飽きたために政権につけた民主党は、依然その問題設定に引きずられたままだったために大衆に見放されたと言えるでしょう。

この、新自由主義と、リベラル・中道左派双方に共通する問題設定こそ、前章で述べたように、今世界の大衆が怨嗟の的としているエリートのコンセンサスなのです。

生業の場とコミュニティを壊していいのか

考えてもみてください。「レフト1・0」の私たちの先輩たちは、こんな問題設定にいささかも乗らなかったはずです。三池やヨークシャーの闘う鉱山労働者たちに向かって、生産性の停滞した旧来型の産業構造から転換しなければならないなどと言ったら殴られていたでしょう。「国際競争力が……」などと言ったら、「じゃあ国際競争なんかない世界を創ろう！」と言ったはずです。

鉱山労働者ついでに言えば、サッチャー政権に抵抗する炭鉱町のブラスバンドの活躍を描いた映画『ブラス！』のラストシーン近くで、バンドのリーダーのダニーが優勝スピーチで次のように演説します。

「過去10年の間、この残酷な政府はためらうことなくきっちりとひとつの産業をまるまる全部破壊してきました。俺たちの産業を。いや破壊したのは産業にとどまらない。俺たちのコミュニティも、俺たちの家庭も。俺たちの暮らしも。すべては進歩の名のもとのクソなまやかしのためです」

そうなのです。炭鉱町も商店街も町工場も零細農家も、単に生産性を進歩させるという名のもとに破壊していいものではない。それ自体が雇用や生業の場として人の暮らしを作り、コミュニティを作っているのです。そして何より、事業主として、あるいは熟練した正社員として、あるいは強力な労組の組合員として職場で何をなすべきかについて多かれ少なかれ自ら決定し、**自分の人生のコントロール感があった。**だから、**自らやりがいと誇りを持って仕事をすることができていた。**そのことが重要です。

たしかに、全国チェーン店やグローバル大企業の非正規労働者になったとしても、労働者たちはやがていつかは、豊かな自由時間の活動と、職場のコントロールと、利用者を含めた自由なコミュニティの形成を闘い取って、自ら誇りとやりがいをもって仕事ができるようになるに違いありません。しかしそれを勝ち取るまでには、果てしない犠牲とエネルギーをかけた闘いがあるでしょう。誰もそんな人生を現時点で強いる資格はありません。

当面あるのは、コントロールを喪失した一方的なやらされ仕事です。おおかたは賃金も下がり過酷な労働条件になってふんだりけったりでしょうが、たとえその点で今の職場より物質的に改善される人が中にはいたとしても、コントロール感を失った人生は不幸です。ましてや職を失っただけで、不況で次の職が見つからず、失業者の人生が待っているならば、もっと不幸です。

まじめに仕事をしてきた人をゾンビ呼ばわり

このような産業や企業は、多くの人々がそこで生業や雇用を得て、何も悪いことをせずに、ただまじめに仕事をして、周囲の人たちとコミュニティを作ってきたものです。たとえ本当に社会のニーズを失った大企業だとしてもです。それを「ゾンビ」呼ばわりするなど、議論の内容以前にまともな神経とは思えません。

まじめな公務員や生活保護受給者や在日コリアンの人たちをひとしなみに敵扱いして憎悪を煽ってきた人格下劣な新自由主義的ポピュリストが言うなら「ああまたか」で済むか

もしれません。しかし、立派なリベラル論客が、新自由主義側の経済学者と一緒になって堂々とこんな言葉を使っていたとしたら、日本人民にとって不幸だと思います。

しかも、今は採算が悪くて放置すればやっていけない産業や企業も、実は人々のニーズが高いのに、ただ景気がよくなくて人々の所得が少ないから売れないだけなのではないでしょうか。例えば、環境に優しい商品、安全な食品、文化的な価値の高い商品などにはそんなケースが多いでしょう。特に田舎に行くほどそうです。しかも、格差社会に適応してお金持ち向けに事業を特化した業者ほど業績がよくなる世の中において、かたくなに庶民向けを守って採算がとれなくなった企業をゾンビ扱いするということがあっていいのでしょうか。

高齢化で必要な労働をまわすために生産性上昇

たしかに、必要がある産業構造の変化はありますし、それとかかわって生産性が上がることが望ましいと言える根拠もあります。それは、これからは高齢化が進行する一方で労働力人口が減りますので、高齢化で必要になる部門、例えば介護、医療部門やそこで使う機材や物資を作る部門が拡大し、そこで雇用される労働が増える分、他方でどこか別の部門で雇用される労働が減らないといけないということです。その部門の生産性が変わらなければ生産量が減って、消費者は以前よりもそれらの財の入手を我慢しなければなりませんが、その部門の生産性が上がれば、消費者が我慢しなくても労働を浮かせて介護や医療などにまわすことができます。

商店街や農業の犠牲が高齢化社会への対応か

そう言うと、「ゾンビ」淘汰論者は勝ち誇って言うかもしれません。例えば、「そうだろう。街の中心の商店街がつぶれて郊外の大型チェーン店に変わることで、地域の小売が少ない人手ですむようになって、その分介護にまわる人手が確保できるよ」と。

しかし前記の産業構造の変化は、このようなことだけを指しているのでしょうか。こんなことになってよくある話は、自動車の運転ができなくなったお年寄りが、街の中で買い物することができなくて困ってしまうということです。かえって高齢化に対応できない話になります。「じゃあ宅配ビジネスが始まればいい」という話でもありません。

もし街なかの商店街が健全に残っていたら、高齢者の人たちは、毎日身だしなみを整えて買い物に出かけ、人々と語らっていたかもしれません。商店街の個人商店にはかなりのご高齢の人が営んでいるところも多いでしょう。それ自体が、よく「生産性が低い」とされるゆえんなのですが、それが当人の生きがいかもしれません。こうしたことのおかげで、高齢者が適度な運動と社会的なつながりを持つことができ、それがなかった場合と比べて、医療や介護に割かれる労働が少なくてすんでいるかもしれません。

たしかに、旧来どおりの商店街のままで、何もせずにこの機能が十全に果たせるかというとそうではないでしょう。でもだからといって大淘汰が必要なわけでもないし、専らお店の自己責任と言ってすませられるわけでもありません。バリアフリー化を進めるとか、電動スクーターなどを貸し出すとか、来街公共交通手段を低床で高齢者無料にするとか等々といった、高齢者や障碍者の人権を充足させるための公的支援は、高齢化時代に適応した中心市街地への転換を進めるためにも効果的であり、それほど予算を使わないですむものです。ゾンビ温存策と言われる筋合いはありません。

「生産性が低い」とされる分野には、実は、こういうところが多いと思います。農業もよく、高齢化した零細農家の生産性が低いとされますが、例えば、むしろ退職高齢者の生きがいのために農作業を位置付け、とれた作物を宅配弁当やケア施設での食材に使うようにすれば、高齢化に対応した地域の経済循環を作ることができるでしょう。いろいろな分野で同様のことが考えられると思います。つぶして労働を浮かせるばかりが高齢化への適応ではないということです。

グリーンニューディールの「公正な移行」

必要な産業構造の転換には、そのほかに、地球温暖化問題の解決のための産業部門の拡大もあります。これも多くの場合、他の旧来部門がつぶれて必要な労働を生み出す道よりは、旧来部門自らが課題解決のための転換をする道を探ることが公的責任となると思います。たしかにこの場合、炭鉱業は残念ながらなくならざるを得ないと思いますが、そうした場合にも、**そこで働く人々や地域にとって不利にならないようにしようというのが、欧米グリーンニューディール政策論で提唱されている「公正な移行」の考え方になります。**

一般に、世の中の変遷に合わせて縮小すべき部門が出ることは当然ですが、それを遂行するにあたっては、当該部門やその周辺で働いていた人の、所得はもちろん、人とのつながりや、尊厳ある生き様をできるだけ損なわないようにすることが重要なのです。

不況で失業者がいるならそれを雇えばいい

なお、以上の話は、高齢化で必要になる部門や地球温暖化解決のための部門が拡大することで必要になる人手を、他の旧来部門から作り出さないといけないことを前提にしていました。これは、完全雇用が成り立つ好景気のときに当てはまる話です。

不況で総需要が少なくて失業者がたくさんいるならば、拡大すべき部門に政府がおカネを支出して総需要を拡大し、失業者から必要な人手を雇えばいいだけの話です。総需要が少ないときに、それを少ないままにして生産性を無理に上げたら雇用が減ります。ましてや旧来部門を淘汰なんてした日には、職を失った人々は失業者になって路頭に迷うだけになります。

輸出産業を拡大して自給を減らす構造転換

以上のように言うと、「いやいや生産性の高い分野に産業構造を転換するべきなのは輸出産業のこと」と返されるかもしれません。一国経済を企業になぞらえて、貿易黒字獲得を自己目的化して言っている話ならば、２４０年も前に否定された重商主義の考え方で、論ずるに値しません。

論ずるに値するとすれば次のような考え方です。すなわち、高齢化で必要になる部門や地球温暖化解決のための部門など、今後ニーズが高まる部門が拡大することで必要になる人手をどうするか。生産性の高い輸出財部門で、少ない労働で生産して輸出する。その輸出品の見返りとして、暮らしに必要な財をたくさん輸入できたならば、わざわざそれらを多くの人手をかけて国内で生産する必要はない。それらの生産部門はなくしてしまって、浮いた人手を必要なところにまわすことができる。というものです。

国内で何も作られない部門が続出しそう

たしかに、発展途上国が公正な輸出で豊かになることには協力すべきですし、将来人手不足の時代がきたら、今国内で作っているもの全部を自給するような労働の余裕はないのも事実でしょう。「公正な移行」を通じてなら、輸入に替えることで、国内生産が縮小する部門が出ることはある程度は仕方ないと思います。

しかし問題なのは、このままいったら、ある程度の縮小どころか、**国内で何も作られなくなる部門が続出しそうなことです。**先述しました通り、今後長期的には円高が進行しますし、コロナ収束後を考えても、他国がジャブジャブおカネを出した中では円高になります。製造業も農産物も安い輸入品に耐えられないものが続出しますし、機械や部品を作って直接間接に輸出している中小企業の多くも、輸出できなくてまたも海外に追い立てられるに違いありません。

帝国主義に必要な円高にするための財政規律論

これも先述したとおり、支配階級のコンセンサスビジョンは、円高でこうなってしまうことを「いいこと」ととらえ、帝国主義的海外進出によって適応しようとする道です。むしろ、円高のおかげで、海外進出企業が対日輸出で儲けて、しかも国内低賃金労働者を安く食わせていけるというわけですから、これは円高に支えられてはじめて存立できる体制であると言えます。

先述したまとめの（3）にあげた財政危機論など、全く的外れな謬見《びゅうけん》であることは今日だいぶ知られるようになりました。ただここで一言言っておきたいことは、ハイパーインフレだの円暴落だのが起こらないことは、体制側のまっとうな経済学者もエリート官僚も実は十分わかっているはずだということです。ですが、財政赤字を出し続けて日銀がどんどんおカネを作って穴埋めしていけば、円の価値が高くならないように抑えられることはたしかにその通りです。彼らがそれがいけないというのは、本当はあり得ない円暴落の心配ではなくて、**帝国主義ビジョンを実現するに足るだけの円高になってくれないことの心配**が本心なのだと思います。

通貨暴落の原因は通貨高の放置

むしろ本気でハイパーインフレだの円暴落だのを心配してそれが起こらないようにしたいなら、こうした、円高体制自体を拒否しないといけません。

財政規律論者がよくハイパーインフレの例として引き合いに出すベネズエラが、どうして経済破綻してしまったかわかりますか。ベネズエラは産油国で、リーマンショック前までの原油価格がすごく高かった時代、原油輸出でしこたま外貨が入ってきましたから、自国通貨をとても高くできていました。そういうわけで、人々の生活物資を安く輸入して、国民に行き渡らせることができました。そのせいで、それまでは存在していた農業も製造業もそれに対抗できずに壊滅してしまったのです。

ところがその後、原油価格が下落していきましたので、外貨が入ってこなくなって通貨が下がります。そうすると輸入生活物資の価格が上がります。本来ならある程度そうなったら、国内の製造業や農業がやっていけるようになって生産が復活するのですが、もう生産能力が壊滅してしまっていたので、いまさら復活できません。だから輸入品に頼らざるを得ないので、通貨下落とともに物価が上がり続けます。政府は外貨を生活物資の輸入に回さざるを得ないので、油田の設備の更新ができなくなって、どんどん老朽化して、とうとう何も輸出するものがなくなって、通貨の下落に歯止めがかからなくなったというわけです。

つまり、通貨暴落の原因は通貨高を放置したことにあるということです。

国内生産能力が温存されれば円暴落はない

当面は円高騰の危険こそあれ、円暴落などあり得ないですが、もちろん、ずっと将来を言えば、思わぬ理由による通貨価値の変動は起こるものです。もし国内に大衆生活物資を作る製造業や農業が様々に生き残っていたならば、仮に一時的な円下落が起こっても、やがては値上がりした輸入品に対抗できるようになって国内生産が増えるので、人々の暮らしへの打撃は抑えられます。その分輸入が減るので支払いのための外貨需要は減り、円安にブレーキがかかります。

また、「国際競争力が低い」とされた輸出産業も、生産能力が残ってさえいれば、競争力を取り戻して輸出金額が増えるので、代金の外貨が入ってきて円に交換する動きが起こり、円の下落はやがては止まります。こうしたことが最初から見込まれるので、投機筋はどこかで円買いに入って円の下落は一時的なものに終わります。

しかし、ひどい円高が長引いて国内生産が壊滅したらそうはいきません。それこそ本当に将来の円暴落につながりかねません。そうならないためには、一見**「生産性が低い」とされる産業部門も、全部輸入に頼って一掃してしまうのではなく、それぞれある程度は残しておくことが必要**です。そのためには過度な円高にならないように抑えることが必要です。赤字財政支出をしてそれを日銀がおカネを出して支えることはそのために有効です。

中小個人業者が淘汰されても平気な「連合」幹部？

リベラル論客の中には、円暴落の恐怖を煽って、小林慶一郎さんはじめ東京財団政策研究所の日頃の主張と寸分違わぬ財政規律論を唱えている人もいらっしゃいますが、こういう人たちはおしなべて円安より円高を好む傾向にあり、この人たちの問題意識は行き着くところ、通貨価値の維持にあるのだなと思います。

ついでに言えば、消費税10％で中小零細企業や個人事業者がたくさんつぶれてしまうのも目に見えた話なのに、リベラル論客でこれに賛成する人たちがいるのもおかしな話です。おおかたはおそらく、経済の仕組みについて思い違いがあり、本気でありもしない財政破綻を心配しているのでしょう。しかし、円高志向と合わせてみると、ある程度わかってやっている人が中にはいらっしゃるのではないかという疑念が、最後のところで拭いきれません。

労働組合の「連合」は消費税引き上げに賛成してきましたが、この方針に組合員の多数が本当に同意しているとはとても思えませんし、個々の加盟単位労働組合がみな賛成しているとも思えません。しかし、グローバルに活躍する大企業のうちのごく一部のエリート正社員の労組幹部の中には、職場が海外に置き換えられる心配も輸入品に脅かされる心配もない人がいます。

そういう人は海外進出が進んで会社の利益が上がることがすなおにトクでしょう。そうした人の中には、中小零細企業や個人事業者がつぶれても痛手とは思わない人もいるでしょう。そういう人には円高で物価が安くなるメリットだけがあります。つまり、支配層の将来ビジョンのご相伴にあずかる人がいるということです。

経済連携で「日本の利益の最大化を図る」と

リベラル派の代表政党で、「連合」からの応援も受けている立憲民主党は、合同前、こんな「連合」の方針もあって消費税減税に煮え切らないでいましたが、「基本政策」に次のように掲げていたことも、ちょっと気になるところです。

「自由貿易体制の発展にリーダーシップを発揮し、多国間・二国間での経済連携については、日本の利益の最大化を図ります」

「日本の利益の最大化」ですってよ。日本一国が突出し、日本企業の投資保護のため有効と政府が言っているISDS条項が入ったTPPができているときに。

これもおそらく、アメリカに食い物にされることを念頭においた話で、他意はないのだろうなと99%は信じています。でもやっぱり、全部わかってやっている人が中にはいるのではないかという疑念が拭いきれません。

そんなことがないならないで、それはまた怖い話です。前述のとおり、コロナショックドクトリンと東アジア円高帝国は、これまでの支配層のコンセンサスを前提に現状に対処して、それぞれのパーツを合理的に作っていれば、成り行きの中で自然と全体のつじつまがあってそこに向かっていくところのものです。リベラル派の論客も労組幹部もリベラル政治家も、そうやって知らず知らずのうちに、新帝国主義体制の構築に加担しているのかもしれません。ときどき、リベラル派の論客の言うことに「東アジア共同体」論みたいなのもあって、聞いてみるとEUがお手本だったりもしますので、背筋が寒くなります。

反省してみせることも帝国主義イデオロギー

「いや我々には過去の侵略の反省の態度があるからそうはならない」という声もあるかもしれません。しかし、ドイツの侵略の反省の姿勢が、ナチスの侵略の犠牲となった国々へのドイツの経済進出のための地ならしになってきた現実を直視しなければなりません。新帝国主義に向けて国内の結束を固めて打って出るには過去の侵略の歴史を開き直るイデオロギーが有効ですが、経済進出先の諸国民に安心感を持たせるには、日本は過去の侵略を反省した平和国家であるとの見せ方が有効になります。これは、同じ帝国主義を支えるイデオロギーのコインの両面です。支配する者とされる者との階級関係に目を瞑《つむ》り、日本をまるごとひとつの主体として扱う限り、こうなってしまうことからは免れません。

こんなことに巻き込まれないためには、一旦、70年代までの古い左翼、次章で記述する「レフト1・0」の先輩たちの認識に戻り、「日本の一般人民は、侵略の犠牲となったアジア民衆と同じく、軍国主義と財閥の犠牲者だった」と言うことです。我々の側に反省すべき点がなかったかと言えば、それは、目の前の諸国民衆と誠実に連帯できた民衆もいたが、やはり差別的に振る舞った人が多かったために、支配体制に対する連帯した闘いが作れなかったこと、そして、闘えるうちに十分に闘えなかった弱さがあったことでしょう。それゆえ単に百万遍の謝罪の言葉を連ねるより、今度こそ、**世界の民衆の闘いと連帯する姿勢で、闘えるうちに闘い抜く**ことこそ真の贖罪《しょくざい》となります。

VI　破綻論で脅かすのではなく大衆の普遍的実感を根拠に

資本主義の「全般的危機」で社会主義に？

さて最後に一言論じておきたいことがあります。

昔の「レフト1・0」の姿勢で一番反省すべきだったことは、社会の仕組みが変わる

「必然法則」を「危機論」としてとらえていたことだと思っています。有名な「資本主義から社会主義への移行の必然法則」のことですが、これを、「資本主義の経済体制は、やがて必ず恐慌の激化だとか帝国主義戦争だとかで危機に陥る。だから多くの人たちが生き延びるためには社会主義の経済体制に移行せざるを得ない」ということとして説明していたのです。

特にロシア革命後は「資本主義の全般的危機」の段階に入ったとされ、「全般的危機論」なんてのが大学の講義科目になっていたとも聞きます。けれども一向に資本主義はつぶれてくれないので、資本主義の全般的危機の「第二段階」だ「第三段階」だと言って、しまいに「第四段階」になったとかならないとか、そんな議論がされていました。

庶民の苦しみより指導者の御託宣優先に

これの何がダメかと言うと、世の中を変革しようという志は、たいてい、自分や目の前の庶民が苦しんでいるのをなんとかしようということから始まるものなのに、そこから切り離された理由づけで社会変革を根拠づけてしまうことです。目の前の闘いに合理的でスケールの大きな根拠づけができて、元気が出て運動が広がることまではいいことです。よくないのは、歴史の進歩のためという根拠づけのほうが独り歩きして、自分や目の前の庶民の働き方や暮らしの素直な願望をふみにじる本末転倒が起こることです。現場の大衆の素朴な実感よりも、「必然法則」を把握する指導者の言うことのほうが優越することになり、上から目線でそれを現場に押し付ける姿勢が正当化されます。

こんな姿勢がまかり通ると、「歴史の進歩」どころか、もっと瑣末な政治課題の都合のために現場の運動が引き回されてしまいます。内ゲバなどはその行き着く先ですが、そこまでいかなくても人生ボロボロになった人はたくさんいました。

大衆を見下し危機待望論に

そんな状態の中で、いつまでたっても資本主義の危機がやってこず、かえって労働者の暮らし向きが豊かになっていったならば、「資本主義から社会主義への移行の必然法則」など大衆から信じられなくなってしまいます。ニクソンショックだ、オイルショック恐慌だ、第二次オイルショックで不況だ、アメリカが「双子の赤字」だ等々と、何か起こるたびに「資本主義の危機だ」と叫んできたけど、結局いつも資本主義はそれを乗り越えて発展を続けてきたじゃないですか。これでは聞く耳を持たれなくなって当然でしょう。

そうしたとき、危機論的根拠づけをしてしまった活動家に起こりがちなのは、言う通りにならない大衆を、支配階級の宣伝を鵜呑みにする者とか、目の前の私的な生活の瑣末な改善に満足する者とかとみなして見下して、受け入れられなくても「真理」を言い続ける自分たちに優越感を得て満足してしまうことです。そして「危機」を待望するようになり、将来、危機がやってきて小市民的幸福を打ち壊された大衆が、「ああ、あなたの言う通りだった」と平伏《ひれふ》してくることを夢想するようになるのです。こうなったとき、語り方はますます大衆に届かなくなり、狭いサークルの内輪にこもるようになる。「レフト1・0」はそうやって衰退していったと思います。

「レフト2・0」も危機論的根拠づけ

ところが、「レフト1・0」のいろいろな論点を反省して生まれたはずの「レフト2・0」のリベラルたちは、私から言わせれば反省する必要もない大事なことをたくさん反省して捨て去ってしまったのですが、この最も反省して捨てなければならなかった点ばかりが、まったく変わらずに引き継がれたように思います。すなわち、自分の言う通りに社会を変えないと「ハルマゲドン」がくるぞと脅かして社会変革の根拠づけにする姿勢です。

財政危機論はもちろんそうなのですが、特にその弊害がモロに出たのが「アベノミクス破綻論」だったように思います。

安倍総理の景気作戦警告を聞かなかった野党

前章でも言いましたが、私は安倍さんが再登場したそのときから、安倍さんが大変な好景気を実現して選挙に圧勝し、改憲を筆頭とする戦後民主主義破壊を推し進めることを警告してきました。そしてその後も、安倍内閣支持率が高くて選挙に圧勝する原因は、民主党政権時代と比べた景気や雇用状況の改善にあることを示し、野党が安倍さんの政策を上回る景気拡大策を示さないと選挙に勝てないし、悪政を止められないということを訴え続けました。ところが、そんなことを言うと最初から安倍応援団扱いされてバッシングの嵐。言えば言うほど味方陣営のはずの人たちから叩かれました。

そんなこともあって野党のみなさんは全然聞く耳を持ってくれず、選挙で経済政策を表に出すこともなく、野党共闘で数合わせすれば勝てるみたいなピントのずれたことばかりしていて、選挙のたびに負け続けてきました。結局5回負け続け、悪法の数々が作られて、政治の私物化がさんざんなされたあとになって、ようやく少し話を聞いてもらえるようになり、2019年の参議院選挙では積極的な経済政策を表に出して闘う野党も複数出るようになりましたが、もっと早くからそうしてくれたらよかったのにと悔やまれます。

アベノミクス破綻待望で史上最長政権を許す

なぜ聞く耳を持たれなかったのかを今から振り返るとこういうことだったのではないでしょうか。野党のリーダーのみなさんは、安倍政権ができた当初、「アベノミクス」は成果を上げることなく1～2年で大破綻すると思っていたのではないでしょうか。だからここは景気拡大を求めて「アベノミクス」に飛びついている有権者に媚びることなく、もう経済成長の時代ではありませんと言って、経済問題以外のことをアピールポイントにすればよい。今は負けるだろうけど、数年後にはひどいインフレか何かがきて経済が大破綻するので、そのときになったら、アベノミクスへの怨嗟が起こって「あんたの言う通りだった」と支持が集まって選挙に圧勝できるだろうと、こんなふうな作戦だったのではないでしょうか。

その後、ちょっと経済に動揺があるたびに「アベノミクス破綻！」と言い続けてきましたが、ところが結局延々「アベノミクス」は破綻することなく、安倍自民党は選挙で勝ち続けたのです。２０１６年の参議院選挙の前、イギリスのＥＵ脱退の国民投票結果が出て世界経済が動揺して、株価が下落したとき、野党のみなさんはここぞとばかり「アベノミクス破綻！　破綻！」と言いまくっていましたが、危機が外からやってきたと思われているならば、それは自民党への批判票につながりません。野党が自民党を上回る景気拡大策を示さない限り、有権者は「アベノミクス破綻！　大変だ自民党に入れよう」ということになって、野党は自らの墓穴を掘ることになったわけです。

結局、破綻論を言い続けた結果は、一方で有権者の信頼を失い、他方で熱心な活動家の間に、有権者を見下す態度、特に若者世代を、宣伝に騙され目先の利益を追う愚か者扱いして見下す態度が染み付くことになったと思います。

なお、危機論を根拠にした社会変革の提唱と言えば、気候変動危機への対処も（本来語るべきことですが）えてしてそういう姿勢に陥りがちですので、私たちは極力、そうならないように意識しなければなりません。いやそもそも、新自由主義者の先述した（1）〜（4）の問題意識に基づく産業構造転換論そのものが、日本経済没落の危機論の押し付けだったからこそ人々の暮らしを平気で踏みにじってきたのだし、ほとんど同じことを言っているリベラルも必然的に同じ姿勢になるわけです。

地域帝国主義体制は安定的に持続する

さて、私がここで強く警告しておきたいことは、地域帝国主義体制は、一旦できると安定し、そう簡単に破綻することはないということです。それは現代の日本資本主義がおかれた条件のもとで、資本主義経済が再生産しようとすれば自然な合理的帰結として成立するものです。

たしかに円高が続いて国内生産が壊滅し尽くせば、やがては円暴落のリスクは高まるかもしれませんが、そんな10年以上先の危機を説得材料に使っても有権者は動きませんし、本当にそんな危機が近づけば、支配階級は何かしら回避方法を編み出すものです。それまでの間には、AI技術の発展など、何が起こるかもわかりません。

ですので、経済破綻に期待しても、この体制は延々続きます。**危機論に訴えるかぎり、この体制へ至る世の中をくつがえすことはできません。**

苦しいから反対するのでいい

私たちは、何も知らない大衆に真理を悟ったインテリが上から目線で持ち込む「ハルマゲドン」話ではなくて、大衆のおかれた地べたの実感から、この新体制への移行に反対しなければなりません。

私たちの目の前には、自営業者や中小企業が淘汰され、全国チェーンやグローバル大企業ばかりが生き残るスカスカな格差社会への道があり、そしてそれは地域帝国主義へと続いています。この道に反対ですか。それはどうしてですか。

それは、たくさんの働く民衆が、さまざまに生き抜いている普通の庶民が、今よりももっと生きづらくなった日常が続くからです。今誇りをもって働いている生業の場と人とのつながりを失うのは嫌だからです。今非正規労働者として、意にそわぬ労働を低賃金で強いられている人々が、その境遇からいつか逃れる希望が絶たれるからです。経済破綻でたくさんの人が生きていけなくなるということがたとえなかったとしても、毎日地味にしんどいから、地味にひもじいから反対するのです。ほかの国々の労働者を搾取して成り立つ体制のもとでは、心の底からスッキリと自ら尊厳を持って生きることができないから反対するのです。一部の人間が、別の多くの人間の頭上に延々泥靴を乗っけて生き延びさせるような世の中に、腹が立つから反対するのです。

それでいいのです。**実感を根拠にして立ち上がっていいのです。**その実感は、国籍や民族や肌の色や性別や地域や生まれや世代を超えた普遍性があるからです。だとしたら必ず**その怒りは共感と連帯を呼び、この道に至る世の中をくつがえすでしょう。**それを「必然性」と呼ぶのです。

第三章　レフト3・0の到達点と課題

——欧米での失速の教訓

Ⅰ　レフト1・0からレフト2・0へ、そして

左派の3つのバージョン

ここまでの話の中で私は、左派を3つの時期に区切り、それぞれをレフト1・0、レフト2・0、レフト3・0と名づけました。本書ではここまでのところでは、あまりちゃんと定義せずに使ってきましたので、ここで一旦詳しく説明しておこうと思います。

次々ページ図表3－1をご覧ください。

まず、従来の2つのバージョン、レフト1・0とレフト2・0について、この表にそって説明します。

「レフト1・0」の4つの共通点とは

1970年代に全盛期を迎えた最初のバージョンがレフト1・0。その矛盾を乗り越えるべく現れたのが、1990年代が全盛期だったレフト2・0でした。2010年代以降に生まれたレフト3・0は、方向性が見えてきたばかりで、いまだ流動的な状態にはありますが、めざすべきものは、1・0と2・0の各矛盾を乗り越え総合した、高次元の左派

バージョンです。

レフト1・0は戦前から続いている由緒正しい左派で、1970年代に全盛期を迎えます。ひとくちにレフト1・0と言っても急進派もいれば、穏健派もいて、急進派はマルクス＝レーニン主義の流れをくみ、穏健派はいわゆる社会民主主義で、高度な福祉国家をめざしていました。

当事者たちは、マルクス＝レーニン主義と社会民主主義とでは大きな違いがある、相手と一緒にされたくない、とおたがいに思っていたでしょう。けれど、どちらもレフト1・0としてまとめることのできる共通点があります。それらは、**①国家主導型で、「大きな政府」を志向、②生産力主義であること、③労働者階級主義であること、そして、④社会主義を名乗る大国に甘い**ことでした。

① 国家主導型で「大きな政府」を志向

国家主導型とは、多かれ少なかれ企業を国営化して、国家の管理のもとに経済を運営する志向のことです。マルクス＝レーニン主義の人たちはもちろん、企業をすべて国営にして中央当局の司令で運営する計画経済をめざしましたし、社会民主主義の人たちも資本主義の枠内ではあっても、その志向は基本的に同じです。

代表的な社会民主主義政党であるイギリス労働党も、戦後すぐ政権につくと主要産業の国営化を実現しましたし、日本の社会党も戦後、同様の主張をしていました。あるいは、スウェーデンの社会民主主義路線がめざした高度な社会福祉国家も、国家主導で手厚い福祉をもたらそうとした意味で、やはり国家主導型といえるでしょう。

このような国家主導型では当然、政府支出の多い「大きな政府」となります。

レフト2.0 急進派：ディープ・エコロジー等 穏健派：ブレア路線、（旧民主党政権）
90年代全盛期までの特徴
→現代の行き詰まり
市場原理利用、NPO・コミュニティ 「小さな政府」
→行政による安上がりな利用 搾取・貧困の持続
反生産力主義・エコロジー
→不況持続 失業問題解決できず
脱労働組合依存 多様性の共生
→多数派労働者の没落・貧困、マイノリティによる人権抑圧事例に直面
発展途上国の自立性尊重
→一層の人権蹂躙国に直面

図表３-１　レフト1.0とレフト2.0

レフト1.0 急進派：マルクス＝レーニン主義 穏健派：社会民主主義	
70年代全盛期までの特徴 →80年代の行き詰まり	
国家主導主義、「大きな政府」を志向 →非効率・画一的	**政府と市場**
生産力主義 →資本主義で生産力発展 地球環境問題	**生産力拡大**
労働者階級主義 →民族・性・障碍者等のマイノリティに無頓着	**依拠する大衆**
「社会主義大国」びいき →ソ連・中国の侵略に直面	**国際観**

② 生産力主義

人々の暮らしを豊かなものにするには、生産力の拡大が欠かせない条件であると考えるのが、生産力主義です。マルクス＝レーニン主義では生産拡大という観点から、やがて、資本主義が生産力発展の妨げとなって立ちゆかなくなり、社会主義の時代が到来すると主張しました。

つまり、資本主義のもとで発展してきた生産力は、非常に大きな規模になったが、資本主義的な仕組みでは企業を私的に、バラバラに所有している。このような無政府的な状態では、大規模な生産力の一部分しか管理できず、その結果、過剰生産となって恐慌が起きるなどして、資本主義という形態はいずれ、生産力の発展の妨げになっていくのが必然であるというのです。

大規模になった生産力を管理するには、企業をすべて国営にして、中央計画経済のもとで効率的、能率的に運営していく必要があり、そうすれば、生産力が伸び伸びと発展していって、その結果、労働者はおなかいっぱいに食べられるようになるというわけです。ようするに、生産力を発展させるためには、社会主義に移行する必要があり、社会主義に移行すれば、資本主義よりもずっと生産力は発展していくという主張です。これを称して、資本主義から社会主義に移行する「必然法則」があるのだと言っていました。

いっぽうの穏健派、社会民主主義の側も、必然法則とまでは言わなかったにしろ、高度福祉国家を実現するためには経済の発展が必要であるとして、生産力の拡大を重要視していた点で、急進派と同根でした。

③ 労働者階級主義

レフト1・0の急進派、マルクス＝レーニン主義者にとって、資本主義を倒して社会主義に移行することは、賃金労働者が雇い主と闘う階級闘争によってもたらされると考えられていました。労働者階級が解放の主人公であり、歴史を動かす主人公であるという「労働者階級主義」に貫かれていたのです。

穏健派の社会民主主義もまた、労働者階級主義という点では同じでした。イギリス労働党、ドイツ社会民主党、フランス社会党、それに日本の社会党も、ようするに世界の主要な社会民主主義政党は大きな労働組合をバックに、その組織力によって代表者を送り出していて、それが戦後の社会民主主義政党の一般的な姿だったのです。

労働組合の組織力によって政権についたり、議員になったりしているのですから、彼らにとって、組合に結集している雇用労働者に、労働条件の改善や社会保障の充実などの恩恵をもたらすことが政治の目的になるのは当然のことでした。このように社会民主主義の側もやはり、雇用労働者中心の、労働者階級主義に貫かれていたのです。

④ 社会主義を名乗る大国に甘い

レフト1・0の急進派も穏健派も、社会主義を名乗るソ連や中国といった大国に対して甘かったことは、紛れもない事実です。それらの国々が人権抑圧を行っても、小国を侵略しても、左派の人たちが批判の声をあげないケースが多々見られました。

当時、ソ連や中国は自らの社会が労働者の天国であるかのように宣伝していて、世界中の左派が不覚にも、その宣伝を鵜呑みにして信じ込んでしまったのだと思います。また、世界中のマルクス＝レーニン主義勢力はソ連や中国の共産党とつながっていた過去を持っていて、彼らの多くが「親分」の言いなりになっていた面も大いにあります。さらに、「何よりも大切なのは労働者階級の利益だ」と考えるあまり、たとえばソ連が侵略した国の国家主権や国家の自立性よりも、世界に共通する労働者階級の利害を優先させるべきだという思いがあったのも確かでしょう。

急進派にしろ、穏健派にしろ、レフト1・0の人たちには、貧しい労働者をなんとか豊かにしていこうという強い思いがあったはずです。**労働者が資本家に搾取されて貧しい状態におかれている、そのような貧しい労働者を解放して豊かにしていっぱい、いっぱいごはんが食べられるようにしていこう。**そういった思いが、彼らの中にモチベーションとしてあったことは間違いないでしょう。

そのために、労働者の社会を建設した、と当時思われていたソ連や中国といった社会主義を名乗る大国に対して、マルクス＝レーニン主義者も、社会民主主義者もともに甘くなってしまいました。

レフト１・０の行き詰まり

こういったレフト１・０の特徴のすべてが、１９８０年代に入るころからそれぞれに行き詰まっていきます。国家主導主義も、生産力主義も、労働者階級主義も、そして、社会主義を名乗る大国に甘いこともすべてが行き詰まり、そして、批判にさらされていくのです。

「国家主導主義」はソ連のような国営の計画経済が停滞しただけでなく、レフト１・０の穏健派による西側の国営企業の方式もまた赤字を垂れ流し、非効率だとして批判の的になっていきました。あるいは、国家主導主義では行政による上からの管理体制がとられていましたが、このような管理体制では人々のこまやかなニーズに合わせられず、一律に押しつけられるばかりで選択の自由もありません。さまざまな人々の多様なニーズに、このような官僚主義的な手法は合わないということで批判を浴びるようになりました。

「生産力主義」もまた、批判にさらされることになります。

資本主義が生産力の発展の妨げになるというのが、マルクス＝レーニン主義者の主張でしたが、実際には、西側の先進国のほうが、社会主義を名乗るソ連などよりも生産力の発展という点では、はるかに大きな成功を収めました。日本の自民党政権下での高度経済成長などは、その典型です。一方の社会主義を名乗る国々は生産力が低下して、日用品や食料品が慢性的に不足して、あちこちの店で長い行列ができるという、見るも無残な結果に終わってしまいました。資本主義体制が生産力発展の妨げになるという主張は、人々に通用しなくなったのです。

それどころか、80年代には生産力主義そのものが悪者扱いされるようになりました。つまり、資本主義の問題は、生産力の行き過ぎた発展によって環境問題や都市問題がもたらされる点だとして、生産力主義自体が進歩的といわれる人たちから嫌悪され、ときに否定されたのです。

「労働者階級主義」に対しても批判が強まります。80年代は女性運動が大変な盛り上がりをみせた時期です。アメリカなどでは「ミス」や「ミセス」という言葉を使っただけでも女性たちから批判されて、「ミズ」と言い直させられたりしたほどですから、しばしばマッチョで、男性中心主義的だった労働組合活動家たちが女性運動家たちに糾弾されないわけがありません。

さらに、大組合に結集した労働者たちの生活水準が上がり、豊かさが実現されていったのもこの時代でした。しかし、その豊かさから少数民族や障碍者など、差別をうける人たちは取り残され、置き去りにされていました。レフト1・0という既存の左翼はそういった人々に目を向けようともしない、あまりにも無頓着だとして批判されたのです。

「社会主義を名乗る大国に甘い」という点でも、80年代に入るとその矛盾が、左翼の間でも共有されるようになります。ソ連がアフガニスタンを侵略したり、ポーランドを支配したり、中国もベトナムに攻め込んだりといったことに対して、レフト1・0は歯切れのよい説明ができなくなってしまいました。

レフト1・0が掲げた路線はどれも、貧しかった労働者を豊かにするというモチベーションに支えられたものでした。ところが、戦後の経済成長の中で、それまで貧しかった労働者が一定程度の豊かさを享受できるようになったのですから、その時点である意味、レフト1・0は役割を終えたと言えるのかもしれません。

そんな中、**同じ80年代には新自由主義が出てきます**。アメリカのレーガン大統領、イギリスのサッチャー首相、そして、日本の中曽根首相といった指導者たちが民営化や規制緩和を進め、市場原理を取り入れた政策などを次々に打ち出していきました。**吹き荒れる新自由主義を前にして、左派は有効な抵抗ができずに敗北していった**のです。

新自由主義が吹き荒れる中、それでも、左派の人たちはレフト1・0が直面したさまざまな問題点を一つひとつ反省してみずからへの批判を引き受ける形で、それらを乗り越えながら新しいパラダイムを打ち出してきました。それが、次なるバージョン、レフト2・0でした。

90年代、ブレアの「第三の道」が全盛期に

レフト1・0の全盛期が1970年代なら、レフト2・0のそれはソ連崩壊後の90年代です。レフト2・0にも急進派と穏健派があります。急進派はイスラムゲリラに連帯したり、アマゾンのジャングルの自給的なコミュニティを守るための活動をしたり、あるいは、ディープ・エコロジーを掲げて有機栽培のコミュニティをつくろうとしたりしました。

一方、レフト2・0の穏健派といえば、その典型はイギリスのブレア路線です。労働党のブレア首相は当時、「第三の道」という言い方をしていました。新自由主義の路線でもないし、すでに古くなってしまった昔の社会民主主義の福祉路線でもなく、その中間、つまり第三の道をいくんだというわけです。

実際のところ具体的には、市場原理を大々的に認め、民営化も進めて、規制緩和にも取

り組んで大企業の活動も促すというのが、ブレア路線でした。イギリスに限らず、当時のドイツの社会民主党のゲアハルト・シュレーダー首相も「ノイエ・ミッテ」（新しい中道）という言い方をして、ブレア路線と同じような政策を推し進めていましたし、スペインの社会労働党も同様でした。

もはや自称としても「レフト」ではなくなっているかもしれませんが、アメリカの言葉遣いでの「リベラル派」のビル・クリントン大統領もまた、市場原理を認めて、それを積極的に活用しましたし、バラク・オバマ大統領も政策的には似たようなものでした。そして、ブレア路線やクリントン路線の成れの果てと言おうか、日本の民主党政権もこのような路線の最後を飾ったということだと思います。

こうして見ていくと、レフト2・0の急進派と穏健派ではまったく違うように思えますし、急進派も穏健派も一緒にされることをいやがるでしょう。しかし、両者は1・0の行き詰まりについて、それぞれに反省したうえで出てきたという点で共通していますし、また、以下で見るような共通のパラダイムの上に立っていたのです。すなわちそれは、レフト1・0に浴びせられた批判に対して、レフト2・0はどのように反省し、どのような答えを出したのかということです。

レフト1・0の「国家主導主義」による「大きな政府」の官僚主義的な非効率性や、当事者に選択の自由のない画一的な管理といった批判に対して、ブレアさんなどの穏健派は市場原理を大胆に取り入れ、活用する路線をとりました。左翼を捨てたのか、と言いたくなるほどの変身ぶりですが、左派の人たち自身も、上からの管理や、画一的な支配というものに対して強い反感や嫌悪感を抱くあまり、市場の自由に任せて、政府は介入しないという新自由主義の思想にむしろ親近感を覚えたという側面もあるかもしれません。

ただし、新自由主義との違いを鮮明にしようとして、市場原理を補完するものとしての、民間企業ではないNPOや地域コミュニティなどのいわゆる「第三セクター」的なものに依拠することを打ち出し、官営やケインズ的国家介入を嫌って、NPOやNGO、地域のコミュニティに依拠していくと称しました。

生産力が発展しすぎることでもたらされる環境破壊のほうが、はるかに問題だと批判された「生産力主義」に対しては、レフト2・0は、「反生産力主義」的なエコロジズム（環境主義）を打ち出すことになります。さらに、「労働者階級主義」の批判に対しても、レフト2・0は反省し、**脱労働組合依存を掲げました。**労働者階級の解放とか労働者階級の利益を守るよりもむしろ、**女性やマイノリティのアイデンティティをおたがい承認しようというほうに比重が移ります。**かくして、さまざまなマイノリティを含む多様な人々との共生などをスローガンにした、**マイノリティのアイデンティティ解放の市民運動へと軸**

足を移していったのです。

「社会主義を名乗る大国に甘い」というレフト1・0への批判に対しても、レフト2・0は反省して、発展途上国の小国の自立性とともに、それらの国々に根づいている伝統的な文化を尊重することをめざしたのです。

1990年代、ブレア政権など先進国の左派たちは、レフト1・0時代への反省をふまえたうえで、このような新しい路線を大きく掲げるようになっていきました。ところが、これらの路線もやがて21世紀を迎えるころには、多くの人たちが格差や貧困といった問題に苦しめられるようになった中で、その一つひとつが裏目に出ていきます。

新自由主義の猛威と中間層の没落

レフト1・0の国家主導を反省したレフト2・0は市場原理を大胆にとりいれて、その有効性を活用しながら、一方でNPOや協同組合、地域コミュニティなどの第三セクターで補完することを志向しました。左派は「大きな政府」から「小さな政府」への転換を図ったのです。

しかし、そのころ、われわれの前に立ち現れたのが、新自由主義の容赦ない緊縮路線でした。政府支出はどんどん縮小されていって、人々の暮らしが破壊されていき、さらに、世界がグローバル化するなかで、グローバルな企業が世界中で暴れまわります。各国の政府はグローバル企業にきてもらわなければならないからと、法人税を下げて、その分、福祉予算を削減し、「賃金の高い国からは企業が逃げ出していくから、仕方ないよね」ということを口実にして労働条件を緩和して、賃金も下げていったのです。

先進国の製造業は、企業が賃金の安い海外へ次々に出ていった結果、没落していきます。それまでは、先進国の製造業で熟練した人たちは、それなりに高い賃金をもらっていましたが、製造業の没落によってそういった人たちがいなくなっていき、非常に低い賃金で働かされる不安定な雇用ばかりが増えていったのです。

こうした貧困化の典型が日本でしょう。90年代末以降、長期不況の中で失業者が増えていき、職を得られない多くの人たちが貧困状態におかれるようになりました。

そのような状況の中で、レフト2・0は何か有効な手立てを講じることができたのでしょうか。答えはノーです。

市場メカニズムの中で格差や貧困が急速に広がっていくというのに、レフト2・0のブレア＝クリントン路線はそれを止めることができないまま、新自由主義を容認し、追従する形で企業に迎合し、結局は企業に都合のよいように規制緩和をしていったのです。では、市場原理を補完するはずのNPOや協同組合、地域のコミュニティはどのようになったのでしょう。

「小さな政府」をめざして政府や地方自治体は財政を縮小していったため、本来なら行政がやるべきことをＮＰＯや協同組合などに肩代わりさせるようになりました。ようするに、政府や地方自治体が財政縮小のせいで、公的な責任を果たせなくなって、それをＮＰＯとか協同組合に丸投げするようになったのです。ＮＰＯや協同組合などは安上がりな下請け先にされていき、その結果、ＮＰＯや協同組合のブラック化が進んだケースも少なくありません。このような状態こそが、ＮＰＯや協同組合、地域のコミュニティ路線の成れの果てと言えるでしょう。

こうして、国家主導主義の批判に対してレフト２・０がとった「小さな政府」と市場原理の有効活用という路線は、先進国の製造業を衰退させ、多くの労働者を貧困に陥れて格差を助長し、また、ＮＰＯや協同組合、地域コミュニティは安上がりな下請け先としてブラック化圧力を受けるという結果になりました。

この状況をさらに悪化させたのが、レフト１・０の「生産力主義」を反省した結果の反生産力主義でした。日本でも長期不況が続き、そのために失業者がたくさん出ていたし、地域の小さな商店が次々につぶれていました。あるいは、円高で中小企業がつぶれたり、つぶれないまでも、海外へ逃げていくといったことが起きていました。

人々は政府になんとかしてほしかったのに、救ってほしかったのに、**反生産力主義を掲げるレフト2・0は、「豊かさ」を反省すべきだ、生産力を高める必要はない、経済を拡大する必要もない、景気対策はしないほうがいいと思っていた**わけですから、これらの問題を何ひとつ解決できなかったのも当然でしょう。

レフト2・0の反生産力主義は結局のところ、大量失業者の放置につながったのでした。

貧困労働者階級をとらえられなくなった

レフト1・0の3つめの特徴、「労働者階級主義」を反省したレフト2・0は、少数民族や被差別身分の人たち、女性、障碍者、LGBTといったマイノリティとの共生とか、承認とか、多様性とかいったアイデンティティ・ポリティクスを主張しました。これもまた、2000年ごろから行き詰まることになります。

マイノリティを承認し、彼らと共生するという主張自体は正しいのですが、現実問題として、そのようなことを言っているあいだに、先進国のまさに主流にいる労働者たちの中に、大量の貧困者が生まれていったのです。たとえばアメリカの場合は、男性の白人労働者でした。それまでの主流であった製造業の白人労働者や熟練労働者たち、まさに労働者階級というしかない人たちが没落していきました。マジョリティの真ん中にいた男性の白人労働者は、それまでは比較的、豊かだとされていましたが、そういった人たちの中に、低賃金や失業によってどん底の貧困生活を強いられたり、あるいは、このままでは没落してしまうという危機感にかられたりする人が出てきたのです。

この状況をどうにかしてほしいという自分たちの思いも要求も、ワシントンのリベラル派の政治家たちはくみとろうとしない、自分たちの窮状に目を向けることすらしない、それでいて、よそ者や自分と違う人種や同性愛の人たちのことばかりに気を遣っている。そういったことへの行き場のない腹立ちや不満や怒りが、白人の労働者階級の男性たちのあいだで渦巻いていたのだと思います。

日本でも同様のことが起きていました。被差別部落出身でもなく在日コリアンでもなく障碍者でもなく、不当な差別を受けてきた属性が何もないはずの日本人男性の中でも、不安定な職に就かざるを得ない人たちがたくさん出てきたのです。そういう人たちには、自分たちの問題は解決してもらえないのに、多様性との共生とやらで、自分たちと違うよそ者ばかりが手厚く保護されているかのように感じられて、不満が高まっていきました。

くりかえします。彼らはまさに、レフト1・0時代における労働者階級としか言いようのない人たちです。レフト2・0は往々にして、その彼らの不満や不安をくみとることもできなければ、先進国の多数派の民衆は物質的に豊かになったという前提で問題を立て、この問題の深刻さに気づくことさえなかったのです。

ダブルスタンダードが反発を生む

また、レフト2・0の多様性との共生は、いまや貧困層に没落した、あるいは没落の不安に怯えているマジョリティの人たちのあいだに、別の不満や怒りも生み出しています。

たとえば、ヨーロッパにはイスラム系の移民のコミュニティが数多くあります。移民のコミュニティの中では、ヨーロッパの基準からすると女性抑圧的で、女性差別的な慣習がいまだに色濃く残っているケースもあります。そのため、イスラムの若い女性たちが先進国の文化にふれて、解放的に生きていこうとすると抑圧され、弾圧される。そういったことがたくさん起きています。同性愛についても同様なことが言えます。

ところが、多様性との共生を言っているレフト2・0は、往々にしてそういった抑圧や弾圧に対して批判できません。彼らは移民の文化の独自性を尊重すべしという原則に縛られて、結局のところ、多くの場合、マイノリティ内部での抑圧を見逃してしまうことになりがちです。

さらに、冷戦後、ソ連の属国だったほうがまだましだったと言えるような野蛮な独裁や因習の国々がたくさん出てきました。タリバンやISILの支配は典型的ですね。女性が肌の一部を露出したり、男性を伴わずに外出したりしていたら宗教警察に弾圧される。就業もできない。姦淫を疑われた女性は石打ちのリンチで死刑。異教の女性たちは性奴隷にされる。異教の遺跡は破壊され、娯楽は禁止され、ひんぱんな公開処刑が娯楽代わり等々。

また、政権のやることではなく因習という例で言うと、たとえばソ連崩壊後独立したキルギスで、かつてモスクワの共産党支配によって禁止された誘拐婚「アラ・カチュー」が、ソ連に抑圧されたキルギスの文化アイデンティティとみなされて復活し、違法にもかかわらずたくさんの女性たちが合意なき結婚を強いられています。世界には、児童婚や女性器切除などの因習が残っているところもたくさんあります。

レフト1・0時代の左翼論者は、ソ連や中国の友好国でない独裁体制は当たり前のように容赦無く批判していましたし、発展途上国の封建的因習を「遅れている」と裁断するのを全然躊躇しませんでした。発展途上国でソ連の息のかかった軍人がクーデターを起こして古くからの王政や地主制度を廃止し、因習をソ連風の共産主義的生活流儀に改めることを、歴史の進歩であると肯定的に見ていたのです。

ところがレフト2・0は、ソ連の一番悪かったところを、外国や異民族を力ずくで支配して自国の流儀を押し付けたことに見て、民族文化の多様性を認めましょう、小国の自立性を尊重しましょうということを大前提にしたために、人権抑圧的な小国の政権や因習に対しても批判できません。批判することはヨーロッパの特定の価値観を押しつけることになり、慎まなければならないことになるわけです。

それなのに、たとえば、アメリカなどの先進国のマジョリティの男性たちが、伝統的な価値観で女性差別的な発言や行動をすると、ボコボコに叩かれます。そのボコボコに叩く人たちが、移民のコミュニティでの女性差別を見逃すわけです。先進国の国内で少しでも人権抑圧的なことがあると、烈火のごとく怒って、裁判に訴えたりする人がいますが、発展途上の小国で同じような人権抑圧的なことをやっていることを批判すると、今度は、同じ人から「おまえは先進国の価値観を押しつけている」などと非難されたりします。

「それってダブルスタンダードじゃん」と主流派の男性たちはむちゃくちゃ不満がたまるわけです。しかも、先ほども述べたように、よそ者にばかり味方して、苦境に陥っているおれたちのことは全然、面倒をみてくれないという不平や不満は、常に渦巻いています。

そういったもろもろのことが、彼らを極右に走らせているのだと思います。トランプ現象が起きたのも、基本的にはこういう構図があったのでしょう。

同様の構図が日本のネトウヨなどにもみられます。ネット上で「右翼」の人たちが「左翼」と言えば、それだけで悪口になります。彼らが「左翼」という言い方で、憎々しげに語るとき、そのイメージする対象は明らかにレフト2・0です。決してレフト1・0ではありません。そもそも彼らはレフト1・0を知らないのですから。

こうして、90年代に全盛期を迎えたレフト2・0はその後、新自由主義の猛威が吹き荒れる中で、レフト2・0に特徴的な路線の一つひとつが裏目に出ていき、その結果として、世界中の先進国で極右が隆盛しました。そして、レフト2・0のこのような行き詰まりをみて、それらを乗り越えようというモチベーションが高まり、そこから生まれたのがレフト3・0の運動だと言えます。

Ⅱ　レフト3・0は2・0の積極面を総合した1・0の復活

レフト3・0の登場

この動きは、さまざまなグループの統一戦線的プラットフォーム政党としてドイツ左翼党が2007年に発足し、09年の選挙で躍進したころから始まりました。そして2011年のオキュパイ運動や、その後の南欧の反緊縮運動を経て、スペインで新興左翼政党ポデモスができ、２０１４年の選挙で躍進したのち一時支持率1位の政党になったことで、流れができました。

特に飛躍の年になったのが２０１５年でした。この年の1月にはギリシャの総選挙で新興左翼政党の急進左派連合が第一党になって政権につきました。さらに、9月にはイギリス労働党の党首選挙で、左翼すぎて泡沫扱いされていたジェレミー・コービンさんが6割の得票で選ばれます。

さらに翌年２０１６年には、アメリカ大統領選挙の民主党候補選びで、やはり左翼すぎて泡沫扱いされていたバーニー・サンダースさんが、大本命ヒラリー・クリントンさんにあとちょっとのところまで追いつくという大躍進をしました。その翌年には、5月のフランス大統領選挙で左派ポピュリズム候補のジャン＝リュック・メランションさんが2割の得票でもう少しで決選投票に残るという躍進をし、6月のイギリス総選挙でコービン労働党が大躍進して保守党を過半数割れに追い込むという事件がありました。２０１８年には、アメリカ中間選挙でサンダース派が議員を10人当選させる躍進をします。

その後２０１９年に7月の参議院選挙で日本のれいわ新選組が登場したのを最後に、この年にいっきに選挙結果は失速します。欧州議会、ギリシャ、スペイン、イギリス、アメリカと引き続いた失速の話は後述するとして、ここでは、２０１０年代半ば以降、明らかに新しい左派の潮流が登場したのだということをおさえてください。

レフト1・0の復活の側面

レフト2・0の行き詰まりを踏まえて、これを乗り越えることをモチベーションとするレフト3・0には、レフト1・0の復活、あるいは回帰といった側面がみられます。

たとえば、レフト2・0によって一度は否定された「大きな政府」、国有化路線の復活です。実際、イギリス労働党のコービン前党首は鉄道・郵政・水道の再国有化を主張していました。ブレア政府は「小さな政府」だったけれど、そうではなくて、たくさん財政をかける「大きな政府」にしましょうというのです。この方針は後継のスターマー党首にも引き継がれています。スターマーさんは「左派ポピュリスト」と言うことはできないでしょうけど、政策としての「レフト3・0」からはもはや後戻りできないということです。

さらに、生産力主義も復活しています。「生産力」という言い方には語弊があるかもしれませんが、景気をよくして、失業者を減らし、労働者が豊かに暮らせる社会をつくろうというわけです。「大きな政府」の復活で、社会保障をはじめ公的な目的で財政支出を拡大するという志向に、この完全雇用で賃金も上がる経済状況を目指す志向が合わさるのが、**反緊縮の経済政策ということになり、レフト3・0の最も大きな特徴となります。**

また、労働者階級主義もやはり復活しています。失業者や、没落していく労働者階級の利益に目を向けなければならない、雇用労働者のために闘わなければいけないというのです。

では、レフト1・0の4つめの特徴である、社会主義を名乗る大国に甘いという点ではどうでしょう。もちろん、これを復活させるわけではありません。ただ、昔、レフト1・0がソ連や中国に甘かったのは、宣伝に騙されてこれらの国を労働者の天国と思っていたので、本人たちの意識の中では、労働者のインターナショナルな、普遍的利益への志向があったからだと思います。

レフト2・0の時代には独裁国家の宣伝文句を信じる者はいません。人権侵害がなされていることは明々白々の事実なのですから。むしろレフト1・0とは違って、人権侵害がなされていることがわかっていても、国家の自立性を尊重しなければならないというのがレフト2・0の基本的なスタンスでした。

レフト3・0はそれを否定して、国の自立性よりも人権などの普遍的な価値観や労働者の国際的な利害を優先しようとしています。レフト1・0はソ連や中国の宣伝に騙されたという側面はありながらも、インターナショナルな普遍的利益を求めようとしていた。そういった意識が3・0に引き継がれているわけです。その意味ではここでもやはりレフト

1・0への回帰がみられると言えるでしょう。

例えば、かつてポデモスの経済ブレーンだった人たち（一人は共産党系）がポデモス創立前に書いた本が2013年に柘植書房新社から邦訳されています（ナバロ、トーレス、ガルソン『もうひとつの道はある――スペインで雇用と社会福祉を創出するための提案』）が、その中では、国際機関への加盟に際して、「世界人権宣言で定義された人権の尊重および実現」を義務づける（235ページ）、欧州通貨同盟への参加も、「完全雇用のような社会的目標の達成や人権・社会権の普遍化などを義務づける」（238ページ）といった記述があります。また、「政府開発援助の効果を大幅に削減する問題である政治腐敗との闘い」（210ページ）とのスローガンもあげています。

あるいは、2012年に反緊縮国際ゼネストを敢行したこともあるEUの労働組合の連合体「欧州労連」は、EUに対して、カザフスタンとの協議に際して、同国における結社の自由の侵害について留意するよう求めています。

レフト1・0がウケる時代

イギリスのコービンさんもアメリカのサンダースさんも、そしてフランスのメランションさんも世代的にはレフト1・0の人間です。彼らは若いころから変わることなく、時流に流されずにずっと同じことを言い続けていたら、時代が一周して最先端になっていました。彼ら自身はそれなりに高齢ですが、イギリスでもアメリカでもフランスでも、その支持者の多くは若者です。

たとえば、イギリスの有名な左派の映画監督、ケン・ローチさんの作品に『1945年の精神』（2013年）という歴史ドキュメンタリーがあります。1945年にイギリスの労働党が選挙で勝利して、「ゆりかごから墓場まで」という福祉国家路線を打ち出したときの話です。この映画のイギリス版のDVDの付録に、当時の労働党の綱領を、今の若い人たちが目にするシーンが出てくるそうです。彼らは「これこそがわれらが求めていたことだ」と感動していたということです。

コービン現象を生み出したものは、まさにそれです。若者たちは「ゆりかごから墓場まで」という政策に感動するように、コービンさんの掲げる主張にも感動したのです。若い人たちは自分たちの苦境を改善できないし、しようともしないレフト2・0のブレア路線に飽き飽きしていたのです。そのような若者の目から見ると、コービンさんの主張がとても新鮮に映り、「これこそがわれらが求めていたことだ」と熱狂したわけです。

アメリカのサンダース現象も同様でしょう。自分たちを困窮から救おうとしてこなかったクリントン路線やオバマ路線にうんざりしていた若者たちの目には、サンダースさんのあまりにも赤すぎる主張が、赤すぎるからこそ非常に新鮮に映ったのです。

フランスのメランション旋風もまた、コービンやサンダースと同様の図式です。新自由主義路線によってひどい目に遭わされてきた若者から見れば、それに加担したとさえ思えるレフト2・0は怨嗟の的であり、「もう絶対にいやだ！」という話です。

残念なことに、日本では新自由主義やレフト2・0への不満や怒りを引き受けてきたのは、右派論客であり、ネトウヨ・ユーチューバーたちであり、そしてついこのあいだまでは安倍首相でした。こんなふうに比較的若い世代の世論が左翼嫌いになって右傾化しているのを見て、レフト1・0時代を知る左派の人たちは、筋肉隆々のこぶしが赤旗をつかんでいる版画のようなおどろおどろしい左翼のイメージが怖がられているのだと勘違いして、公園の陽だまりで母子が微笑みあい、空に鳩が舞うポスターを作ったり、うさぎの着ぐるみに入って風船を配ったりして、なんとかレフト1・0のイメージを払拭しようと涙ぐましい努力をしてきたのですが、実は、ネトウヨに共感する、ロスジェネや若い世代が嫌う「サヨク」のイメージは、かえってまさにそっちのほうなのです。

彼らはそもそもソ連なんて知りませんし、知っている世代も、そのイメージは悪くて怖いソ連ではなくてゴルバチョフさんのソ連です。国民みんなが政府に言いたい放題文句を言っている国です。中国もお金儲けに邁進する国のイメージです。スターリンや毛沢東を意識して、我々はあんなんじゃありませんと訴えるのは独り相撲なのです。

むしろ彼らが望んでいるのは、自分たちの苦境を救うために本気で闘う姿勢です。筋肉隆々のこぶしが赤旗をつかんでいる版画のイメージのほうが新鮮でウケるのです。世論が保守化している印象から、「民進党はリベラルすぎるから受けない」と勘違いして、ほとんど小泉政権のような経済政策を掲げる希望の党に走った人たちがどんな悲惨な結果になりましたか。あのとき希望の党は、小池さんの「排除します」発言の前から、若者の支持率は低かったのです。それに対して、生まれたばかりの立憲民主党が、直前の民進党の支持率の2倍ぐらいの、もう二度と取れないであろう支持率を得たのは、多くの人々がそっちにこそ本気で闘う姿勢を感じたからではなかったでしょうか。

レフト1・0とレフト2・0の総合

それはともかく、時代が一周したからと、レフト3・0がたんなる1・0の復活だけで終わっては意味がありません。1・0にいたらないところがあったからこそ、2・0によって乗り越えられてきたのですし、2・0にしても1・0の行き詰まりを打破しようと、新しい論点を出してきたわけです。それを無視して、ただ1・0に戻るのではつまらない。高次元での復活でなければおもしろくありません。

では、レフト3・0で高次元での復活を遂げるために必要なこととはなんでしょう。それは1・0と2・0の論点の総合です。つまり、レフト2・0が唱えた提案のうち積極的に評価できる点をすくいあげながら、レフト1・0との総合をめざすということです。そして、実際、これまで私が著書や講演で紹介してきましたように、欧米の3・0の人たちが言っていることを聞いていると、彼らもまた1・0と2・0の総合ということを強く意識していることがわかります。

国家主導とサードセクター志向の総合

すでに述べたように、レフト3・0は「大きな政府」への回帰を唱えています。イギリスのコービンさんももちろん大きな政府を支持して、鉄道を国営に戻すことも主張しています。ところが、レフト1・0へただ戻るのではなくて、レフト2・0が打ち出してきたNPOや協同組合への依拠という路線を取り込むことで、レフト1・0と2・0の総合をはかっているのです。実際、党首選で当選した直後に協同党(労働党と提携している党)へ挨拶に行ったときに、コービンさんは次のような発言をしています——。

「私は鉄道を再国有化したいけれど、公的コントロールはたんなる国家的コントロールを意味するものではない。乗客も鉄道労働者も政府も、協同して鉄道を運営して、私的利潤のためではなく、われわれの利益のための運営をするべきだ。このモデルは、古い労働党のトップダウンの運営と、保守党の望む公共事業の民営化の無責任な政策の双方にとってかわるものである」

レフト1・0のような政府によるトップダウンの管理モデルを否定したうえで、現場の労働者や利用者が意思決定に参加することを重視していく、つまり、レフト2・0のNPOや協同組合の路線をとるということです。このあとには、学校も、保護者と教師と市当局で協同組合的に運営するべきだということを述べています。

ただし、利用者や従業者が意思決定していくからといって、政府がなるべくおカネを出さないとなれば、協同組合も安上がりの下請けとして利用されてしまう。そうならないために、ちゃんと公的財政で支えることが必要です。

2017年のイギリスの総選挙の前日に出された労働党の報告書『所有形態のオルタナティブ・モデル』では、「真にインパクトがある左派の戦略は、究極的には『資本主義の次』について語る必要がある」として、「地方自治体も、地域経済発展戦略の一環として、労働者協同組合の起業と拡大を積極的にサポートし、財政的にも支援すべきだ」と言っています。

2017年の労働党のマニフェストを解説した本では、「所有する権利」を掲げ、多くの中小企業で事業の承継が問題になっている今こそが、民主的所有形態を広める好機であるとして、中小企業を従業員が協同組合的に承継する方向を示しています。他方で、過去の国有化について「国有化を批判するあまたの神話に反して、国有化された企業は大変効率的であった。全要素を生産性でみれば米国の同業者よりも優れており、英国内の平均を上回っていたのである」として擁護する一方、「昔の国有化は、ホワイトホール（官庁街）の少数の官僚たちに権力を集中しすぎました」としています。

このようにレフト1・0の官僚主義的傾向を排す一方で、レフト2・0の打ち出した協同組合的な路線を採用する、しかも、それが安上がりの下請けとなってブラックになどならないように、豊かな公財政で支えるというのが、コービン労働党の提案した新しい国家主導型の姿なのです。つまり、コービンさんたちは**レフト1・0とレフト2・0の総合によってもたらされる高次元でのレフト1・0の復活をめざした**と言えるでしょう。

先述のポデモスの元ブレーンたちの本でも、随所で再国有化が提唱されています。しかし同時に、企業の民主的経営と社会的協同組合を推進する欧州政策を制定するとか、労働組合と労働者が企業の経営陣に参加する共同運営のモデルを導入して企業を民主化するとか、農家および原材料の販売者による協同組合の設立を推進するなど、従業者自身が決定する事業を広めていくための提案をしています。

「労働者階級主義」と「多様性の共生」の総合

レフト2・0はレフト1・0の労働者階級主義を批判して、多様性の共生というアイデンティティ・ポリティクスを志向しました。レフト3・0は労働者階級主義の復活をめざしますが、同時に、多様性の共生ということの重要性も認めているのです。

ここでもなんらかの「総合」が必要となります。そして、総合のヒントになりそうなものが、2017年の総選挙のとき、コービン党首が北東イングランドのティーサイドという地区で行った左記の演説です――。

「私たちは誰なのか、私たちは若い、私たちは歳をとっている、私たちは黒人で、私たちは白人で、私たちは同性愛者で、私たちは異性愛者で、私たちは身体障碍者で、私たちは身体障碍者ではなくて。そう、私たちこそがコミュニティです。私たちは一緒なんです」

つまり、さまざまな属性を持った人たちのいる、多様性に富んだコミュニティに私たちはいるのだと言い、さらに続けて言います。

「こういったコミュニティの観念が数年前の炭鉱労働者のストライキを支えたのです。こういったコミュニティの観念が製鋼所工員を支えるのです」

つまり、多様な人たちの共生したコミュニティが労働者の階級闘争を支えていると言っているわけで、ここには1・0の労働者階級主義と2・0の多様性の共生の総合志向がみられます。

2017年の総選挙で労働党が作成したマニフェストのタイトルは、「For the many, not the few」です。日本語にすれば、「少数者のためでなく、多数者のために」。日本では「少数者」と言うと差別されているマイノリティという意味にとられがちなので、このようなタイトルをつけたら、ボコボコにたたかれるでしょう。でも、ここで言っている「少数者」とは、1%を占める富裕層を指しています。つまり、「少数の富裕層や大企業のためではなく、圧倒的多数の庶民のための政策を推し進めます」と言っているわけです。その際、マニフェストの表紙に黒人や白人や男性や女性などさまざまなタイプの人たちがいっぱい描かれているのをみてもわかるように、大多数の被支配者階級の中には多様性があって、多様性と共生していくことによって階級闘争が闘える。そのようなメッセージが「For the many, not the few」のタイトルにはこめられているのだと思います。

アメリカのサンダース上院議員の自伝『バーニー・サンダース自伝』（大月書店）にも、労働者階級主義と多様性の共生との総合を表す箇所があります。少し長くなりますが、引用しましょう——。

「第一に、私たちは、人種差別、性差別、同性愛嫌悪を、この国から跡形《あとかた》もなく取り除かなければならない。すべての人にまともな仕事を提供し、若者により良い教育を提供することが、その取り組みの要《かなめ》になると私は確信している。リベラル派の多くは、ただ偏見に「反対」することだけが、公正で公平な社会の実現に必要なことだと思っている。それは正しくない。すべての男女が、アメリカ社会に居場所——それはまともな給料の仕事のことだと私は考えている——を持つようになって初めて、嫉妬《しっと》と不安から生み出される憎悪を根絶しはじめることができるのだ。そして、すべてのアメリカ人が、さまざまな侮辱に立ち向かえるだけの経済的ゆとりを持てた時にこそ、アメリカ人は偏見から解放されるだろう」（362―363ページ）

ようするに、差別や偏見が生まれるのは、経済的にめぐまれない状態にあるからであり、したがって、まっとうな給料の仕事が産みだせる状況をつくりだすことによってはじめて差別をなくしていけるし、共生を実現できるというのです。

先ほどのコービンさんの演説では、**被支配者階級である労働者階級内での多様性の共生が階級闘争を支える**と言っているのに対して、サンダースさんは、その**階級闘争の結果として、労働者階級の経済的条件が改善され、そのことによって差別がなくなって、共生が実現していく**と考えているわけです。

階級闘争によって、労働者階級の経済的条件が改善されていくことと、労働者階級内で多様なマイノリティとの共生が実現されることとは相互促進的になっている。彼らが言っていることをまとめると、そういうことになるのではないかと思っています。

生産力志向とエコロジー志向の総合

さて、まっとうな雇用を創り出して失業を克服し、人々の暮らしを豊かにすることは、かつてレフト1・0の当然の課題でしたが、近年世界中で再びその課題に迫られていることが、レフト3・0登場の背景にあることはすでに述べたとおりです。他方、レフト2・0のエコロジー志向もまた、人類にとって重要な課題である気候変動問題などに対処するためには捨て去るわけにはいきません。

この両者を総合するものが、**欧米のレフト3・0勢力がほぼ共通して掲げている「グリーンニューディール」になります**。これは、代替エネルギーの開発や、化石燃料消費を減らす交通システム転換、環境保全などに、大々的に公共投資することによってたくさんの優良な雇用を創出し、公正な移行過程を通じて、二酸化炭素をあまり出さないケア労働など、環境負荷が少ない部門が中心になるような産業構造転換をめざすものです。

この政策は、アメリカでサンダース派の最年少議員アレクサンドリア・オカシオ＝コルテスさんが熱心に提唱していることは聞いたことがあるでしょう。元ギリシャ財務大臣のバルファキスさんは、債務削減交渉に敗れて辞任したあと、EUを民主化するためのDiEM25という全欧運動を立ち上げましたが、そこでもグリーンニューディール政策が掲げられています。コービン執行部のイギリス労働党もこれを掲げていましたが、後継党首のスターマーさんも、党首選挙の10の公約の中で、グリーンニューディールを「すべての活動の中心にすえる」と言っています。

ドイツでは当然、世界最大の環境政党である緑の党がこれを掲げていますが、左翼党もまた、「左のグリーンニューディール」と称してこれを提唱しています。特に、党内で最も左派ポピュリスト的でカリスマ的人気を誇るザーラ・ワーゲンクネヒトさんが、ドイツでおそらく唯一名の知られたMMT（現代貨幣理論）の経済学者といっしょにグリーンニューディールを説いている動画がユーチューブにあがっています。

レフト1・0と2・0のバリエーション

さてこのように、多かれ少なかれレフト1・0と2・0の総合を志向するのがレフト3・0なのですが、そのバランスの取り方にはバリエーションがあります。それは、レフト3・0の政治勢力がどのような経緯で生まれたかに依存していると思います。

米英の場合、議会は小選挙区制で、アメリカの場合の大統領選挙も決選投票がありませんので、二大政党の一つの中で活動する以外現実的な道はありません。だから、レフト2・0路線のもとで半ば新自由主義化した指導部を、一般党員の支持のもとに奪取する戦略になります。その際、やはり小選挙区制の影響ですが、老舗レフト1・0政党が別に存在しないために、レフト1・0に郷愁を持つベテラン世代や、それに新鮮さを感じる若い世代の活動家が、党の中や周辺に比較的豊富にいるという条件があります。それゆえ、まずはレフト1・0世代からリーダーが出て、1・0の復活に力点をおいた方針を出すことになります。

それに対して、ギリシャやスペインの場合は、比例代表制なので、レフト2・0路線のもとで半ば新自由主義化した既存の大社会民主主義政党と一線を画して別政党を作ることができます。しかも、古いタイプの老舗1・0の共産党が強固に存在していますので、そちらに寄りすぎてもあまり自分の市場が増えません。なので、起源的にはレフト2・0時代の急進派グループなどを集めて3・0に転身することになり、反緊縮は大看板だとしても、どちらかというとレフト2・0の色彩の強い方針を出すことになります。

興味深いケースは、ベルギー労働者党やオランダ社会党です。両党とも、もともとは国会に一議席も出せない老舗のいわゆる「極左」でした。ややこしいのは、レフト2・0路線のもとで半ば新自由主義化した社会民主主義政党の名前が、ベルギーは社会党でオランダは労働党。ちょうどあべこべになっていますので混同しないでください。そのかつては大政党だった社会民主主義政党の政権に失望した人たちの期待が集まる中で、この両国の急進党はレフト3・0政党に転身し、議席を伸ばしていくことになります。

たとえばオランダ社会党の国会議員は、2015年に欧州中央銀行が非伝統的手法（量的金融緩和のこと）をとったことを評価したうえで、作ったおカネをバブルにまわすのではなくて、人々のために投資せよと言っています。ベルギー労働者党は2008年にポピュリズム路線への転換を決めるや、その後8年間で党員が4倍増し、14年に国会に初進出して、19年の総選挙では10議席上乗せして12議席になりました。

この両国のケースも、比例代表制なので既存社会民主主義大政党の外に別政党が活動できる余地があるうえに、急進2・0政党である強固な緑の党が別途あるので、レフト1・0の老舗が転身するという道がとられたと解釈できます。それゆえこのケースはかなりレフト2・0の比重が軽く、1・0に寄ったバランスになります。たとえばオランダ社会党は移民制限をはっきりと主張している点で、左翼政党の中では特異です。ベルギー労働者党は、もちろん気候変動問題への対処などを掲げているのですが、地方議会レベルで、個人の自動車利用へのあらゆる制限策に反対しています。環境負荷の高い、安い自動車しか買えない低所得層の人に不利なことは許さないというわけです。ゴミ袋の値下げも主張しています。しかもベルギーのほかの政党と違い、オランダ語圏とフランス語圏で組織を分けず、単一組織を貫いています。綱領は「まっとうな賃金の安定した雇用」から始まり、欧州政策では社会・環境インフラのための大胆な公共投資を提唱しています。

さて、ドイツ左翼党の場合はどうでしょうか。前身となる二大潮流は老舗レフト1・0の流れを引いています。ひとつは東ドイツの独裁政党の後身の民主社会党、もうひとつはレフト2・0で新自由主義的になったシュレーダー社会民主党から割って出た左派です。その一方で急進2・0の大きな緑の党があるので、それとの対抗も考えるとレフト1・0の色が強くなりそうですが、実際はそうでもありません。民主社会党は、過去の東ドイツの独裁政党時代との違いを強調するのにやっきになり、かつてベルリン市州では2・0化した社民党と連立して新自由主義的緊縮路線を遂行しさえしました。また緑の党も政権についたらNATOによる空爆参加に賛成したり新自由主義政策の責任を共有したりしていますので、それに反発する急進2・0的性格の小グループも加わっています。かなり1・0の色の強い部分と2・0の色の強い部分が混在していると言えると思います。

III　レフト3・0の失速の原因と克服方向

レフト3・0の失速

さて以上見てきたレフト3・0も、今あちこちで一時期の勢いを失っています。

2015年に政権についたギリシャ急進左派連合は、ドイツのメルケル政権たちを相手に債務削減交渉に臨みましたが、欧州中央銀行からギリシャの金融システムにおカネを流さない兵糧攻めにされて屈服します。財務大臣のバルファキスさんは首相になおも抵抗を説きましたが受け入れられず辞任しました。そして厳しい増税・緊縮政策と国有財産売却策を受け入れた結果、経済も医療も社会保障も崩壊状態になり、そのあげく、2019年の総選挙で敗北して政権の座を追われることになりました。

スペインのポデモスは、パブロ・イグレシアス党首と副党首だったイニゴ・エレホンさんとの内紛に行き着き、エレホンさんはじめイグレシアス派以外のたくさんの幹部、マドリードの市長、マドリード、カタルーニャ、ラ・リオハ、ガリシアなどの地区組織が党を離れました。ポデモス共同創設者だったテレサ・ロドリゲスさんも党を離れています。こうした過程を通じて、同党は経済政策を表に出さなくなり、フェミニズムや移民や性的少数派などの問題に大きく重心を移しているそうです（失脚したエレホンさんもこの傾向が強かった）。ブレーンだった前述の反緊縮経済政策本の著者、ナバロさんもトーレスさんもポデモスと縁を切って批判するようになったということです。ちなみにもう一人の著者の、アルベルト・ガルソンさんは、その後２０１４年に共産党系「統一左翼」の代表になっています。

こうした内紛に加え、過去のベネズエラのチャベス政権からの資金提供の発覚、イグレシアスさんによる高級邸宅購入などのスキャンダルにより、２０１９年４月の総選挙では、下院で29議席、上院で11議席を失い、さらに11月の総選挙では下院で７議席を失うという大敗北を続けています。その後、ポデモスには二重帳簿疑惑や携帯電話メモリーカード破壊疑惑も持ち上がっています。

また、２０１９年４月の総選挙後、社会労働党政権に連立で加わりましたが、少数与党で予算を通すことができず、前の国民党政権が作った緊縮予算が続いていて、反緊縮派を幻滅させているとのことです。

２０１９年にはイギリス総選挙で労働党が歴史的大敗北を喫しました。コービン党首は辞任して、翌年４月の党首選挙でコービン後任と目されたレベッカ・ロング＝ベイリーさんは大差で敗れ、キア・スターマーさんが選ばれました。総選挙での大敗の一番大きな原因は、もちろんＥＵ離脱問題です。労働党は党内に残留派と離脱派を抱えて態度を明確にできなかった一方、保守党はジョンソン首相を筆頭に明確に離脱でまとまり、しかもこれまでの緊縮政策をやめて積極財政を打ち出しました。このため、離脱派の多い祖父母の代からの忠実な労働党支持の労働者階級の人たちが、今度ばかりはと鼻をつまんでこぞって保守党に投票したのです。

２０１９年には、フランスのメランションさんの党「不屈のフランス」も、欧州議会選挙で大敗しています。２０２０年の地方選挙でも敗北しています。また本人は「政治弾圧」と言っていますが、メランションさんは、「不屈のフランス」事務所が公設秘書架空雇用疑惑と大統領選挙費用に関する家宅捜索を受けた際、捜査員を威嚇・妨害したとして起訴され、２０１９年に執行猶予つきの有罪判決が出ています。黄色いベストの活動家がエリゼ宮に突入したのを擁護したことも物議を醸しました。黄色いベストには移民の参加者もとても多いのに、極右に流れる動きはあっても、「不屈のフランス」の支持につながる動きはあまり見られません。

２０１９年の欧州議会選挙ではドイツ左翼党も議席を減らしています。バルファキスさんも別途ＤｉＥＭ25からドイツ選挙区で出馬しましたが議席をとれませんでした。例によって中道左右二大政党（特に社民党）が減らし、極右が伸びる図式でしたが、極右に行かなかった票は緑の党に流れたかっこうです。後述するように左翼党は内紛が激しくて有権者から愛想をつかされており、従来は節約的イメージがあった緑の党が、グリーンニューディールで雇用拡大を前面に出したことで躍進しました。

そしてご存じの通り、2020年の大統領選挙の民主党候補選びでは、当初は調子よく飛ばしていたサンダースさんも途中で伸び悩み、とうとう撤退することになりました。その後バイデン候補と共同政策をまとめましたが、結局国民皆保険も大学無償化も入らずじまいです。

レフト1・0と2・0の総合の失敗

こうした一連のつまずきの原因としてほぼ共通にあげられるのは、レフト1・0と2・0の総合に失敗しているということです。

例えばコービン労働党の場合のEU離脱問題自体、レフト1・0世代的発想とレフト2・0世代的発想の対立の側面があり、それをまとめられなかったことが蹉跌をまねいたわけですが、それだけではありません。コービン執行部では、ブレア時代に不遇をかこっていたレフト1・0のベテラン男性闘士が幹部に復帰して、大手を振って言いたいことが言えるようになったのですが、こうした幹部たちがときどき女性差別発言をして物議を醸しました。それに対してコービンさんが強い態度を取らないので、若い世代の支持者が離反していったということがあります。

また、こうした1・0世代のベテランはパレスチナ大好きですので、反ユダヤ発言をしてしまい、これもコービンさんが強い態度を取らずに放置しているように見えたのでやっぱり物議を醸しました。これについては、イスラエル政府批判をしている文脈から切り離して攻撃に使っているだけという擁護論も見られます。自身がユダヤ人であるコービン派の黒人女性党員がイスラエル批判を反ユダヤ扱いされて党内右派からの標的にされて追放された事件もあったそうです。その一方で、コービン支援母体の左派集団「モメンタム」が、労働党内の反ユダヤ主義には右派の中傷とばかりは言えないものもあるとして、党が反ユダヤ主義への対処に失敗していることを認めました。このへん私には詳しい全貌はわからないのですが、ともかくユダヤ教の首席ラビからの批判を招いたり、議員7人が離党したりというような大騒動に発展し、総選挙の大敗の一因をなしたと考えられています。結局コービンさんのあと党首に選ばれたスターマーさんは、労働党として反ユダヤ主義を謝罪しています。

それから、アメリカではこれまで、ブラック・ライブズ・マターの活動家たちが、しばしばサンダース派の集会を実力で中断させてきました。人種差別問題を中心におかず、黒人の問題を階級問題のプリズムを通して見ているというのがその理由です。今回2020年の大統領候補選びでは、その点がどのように整理されたのかよくわかりませんが、ブラック・ライブズ・マターの創設者の一人がサンダース支持を表明し、サンダース派のサイトには、よくブラック・ライブズ・マターの抗議集会への参加呼びかけが載っています。サンダースさんはかつて、黒人奴隷の子孫のための賠償金のアイデアをとりあげようとしませんでしたが、2019年に、この問題を研究するための委員会の設立を支持しました。それでも今回も、サンダースさんは黒人票が苦手という弱点は克服しきれなかったと言えます。もちろんライバルのバイデンさんが、副大統領として黒人のオバマさんとコンビを組んでいたので黒人票を得るのに有利というハンデはあったのですが。

またドイツ左翼党では、カリスマ的人気を誇る議員団長のワーゲンクネヒトさんが、極右台頭に対抗するためにもっとポピュリズム路線を純化しなければならないと考え、他の左派政党の政治家とも共同するポピュリズム運動体を作りました。そして、極右に対抗するには労働市場にマイナスのインパクトを与える移民は制限しなければならないと主張するようになりました。そうしたらこれが党内の反差別派の反発を呼んでひどい内紛になったのです。党の集会で、彼女のことをナチスだと揶揄して、ナチスカラーの褐色であるチョコレートケーキを顔にぶつける一幕もありました。これが路線論争というだけでなくて、共同党首の一人であるカトヤ・キッピングさんとの間の個人的な権力闘争も絡んで、とうとうワーゲンクネヒトさんは議員団長をやめることになりました。

なお付け加えておけば、ギリシャ急進左派連合とスペインのポデモスの選挙敗北のケースは、前者はEUの入り口として中東の戦争難民が殺到したこと、後者はカタルーニャ独立運動が隆盛したことという、あいまいにできない2・0イシューに迫られたことも原因になっています。

このように見てくると、レフト1・0と2・0の総合は口で言うほど簡単なことではないということがつくづくわかります。むしろ、両者の間には矛盾があって、対立は必ず出てくることを最初から意識して、その対立が人間関係のこじれや組織のダメージにならないように備えておくことが必要だと思います。運動体の中に両方の傾向をもった人たちがいることをいいことととらえて、分裂や追放でどちらか片方に偏ってしまうことを極力避けるよう努めるべきでしょう。

当初化石1・0に率いられた意義

よく指摘されることですが、左派ポピュリズムのレトリックの「人民」概念はあいまいで、右派ポピュリズム側の「国民」や「民族」概念のクリアさに十分に対抗できていないと言われます。東洋大学の中島晶子さんは、「ポピュリズムの論理は、人々のアイデンティティと意志が本質的に同質的であるという擬制に依拠しており……多元性や差異の認容との緊張関係に直面する」と書いています。これがレフト1・0と2・0の対立の根源にあるものでしょう。

本来レフト1・0時代の階級概念は当初は十分明瞭でした。労働者に農民や自営業者たちを加えた「人民」概念も本来わかりやすかったです。人々が「本質的に同質」な現実に即していたからです。

その後経済成長した結果、80年代や90年代に私たちはみんな豊かになったと言われ、多様化したと言われ、誰も階級のことを言わなくなって忘れてしまいましたが、実はそのころから本当はまぎれもない階級社会復活への歩みがはじまっていたのです。ポピュリズム研究者の塩田潤さんはジュディス・バトラーさんの「不安定性」概念を引きながら、「不安定」な人々には労働者とか中産階級とかアンダークラスとか高学歴ワーキングプアとかいろいろいるけど、「それらはすべて新自由主義的資本主義の生産関係の帰結であるところに彼ら・彼女らの連帯の契機がある。そして、この連帯の契機を活かすべく、左派ポピュリズムは階級ではなく「人民」という概念で人々の集合的意志をまとめあげ」ると書いています。まさにその通りです。しかし、自分の生き方にコントロールを失って、自分が決定してもいないことのリスクにさらされた、不安定な存在という点で共通するならば、まさしくそれをひとつの「階級」と言うのだと思います。

その共通性を心得るには、後述するとおり、経済的利害の共通性を理屈で解くことも大事ですが、いろいろな運動や事業を通じて、一見立場の異なるさまざまな人の間の交流を作ることで気づきの機会にしていくことも必要なことです。その上で、例えば炭鉱町ものの映画のような、かつて明瞭な階級意識があったことを伝える媒体も有益だと思います。

根拠のない印象論になってしまいますが、ギリシャの急進左派連合やスペインのポデモスが簡単に変質してしまったのは、少なくとも最初しばらくはレフト1・0世代に率いられなかったからだと感じます。どっしりと日々の暮らしに根ざし、いつか貧乏がなくなる日を夢見て、人の痛みを自分の痛みとして支え合い、最も弱い人たちを見捨てずに、日々の労働において少しでも自分のコントロール下で世界を作ることに誇りをもって、団結して不屈に闘う労働者。彼らの階級闘争の精神は、どんなに言葉で説明しても漏れてしまうものがあります。

ここには「文化」とか「魂」とか言うほかないものがあって、それを体得している者が、行動とともに、繰り返し繰り返し語ることによって、はじめて運動体の活動家層の中に背骨として形成されていくものだと思います。

だから、**米英のレフト3・0が、化石のようなレフト1・0のリーダーに率いられる形で始まった**ことは、とてもよかったことだと思っています。彼らの演説を何度も何度も聞いてその魂を背骨として形成された若い世代によって、1・0と2・0の本当の総合が成し遂げられるのだと思います。

コービンさんの後継党首選挙では、コービン派が支持したのは正副党首候補ともに40歳の女性でした。そのうちの副党首候補のアンジェラ・レイナーさんは当選しました。彼女は、本人はコービン派ではないのですが社会主義者と自称し、パレスチナ人の闘いを熱心に支持し、イスラエルによる人権侵害を批判してきました。そんな彼女が、反ユダヤ主義への対処が遅すぎるということでコービン指導部を批判してきたのです。2・0の多様性共生の感覚を当然のものとして育った世代に、1・0世代の魂が引き継がれることを期待します。

プラットフォーム型組織とカリスマ依存の困難

それから組織論上の課題があります。中島さんは、「左翼ポピュリズムには、議会多数派を構成しうる、垂直的でない政党モデルを実践するという難題がある。急進左派連合とポデモスの事例は、水平的な社会運動と議会政治を結びつけるプロセスを示したが、多数派を目指す段階で既定路線として党を垂直的な構造に転換し、運動との連携関係は薄れていった」と言っています。

ドイツ左翼党もポデモスもギリシャ急進左派連合も、メランションさんがもともと属していたフランス左翼党も、さまざまな政治グループの穏やかな連合体として始まりました。「プラットフォーム型」の組織と言われ、参加グループの自立性と対等性をできるだけ尊重しようというものです。これは、かつてのソ連共産党にならった中央集権的なピラミッド組織への反省から採用されたやり方です。

集権的なピラミッド組織が、有無を言わさぬ押し付けで下部党員を駒扱いし、自分の頭でものを考えずに上の者に忠実な者ばかりが幅をきかせる組織を作ってしまった弊害は明らかですから、プラットフォーム型にしようという問題意識はよくわかります。それに、左派ポピュリズムとしては、さまざまな大衆的社会運動・抵抗運動と結びついてその意向を反映することが大事ですから、その意味でも水平的なパートナー関係が必要になります。

でも結局、急進左派連合もポデモスも、中島さんの言うとおり、多数派をめざす段階で垂直的な党組織に転換したわけです。さもなくば、現在のドイツ左翼党のように内紛がおさまらないことになりがちなのだと思います。

ある意味では、コービン党首のもとの労働党は、議員の大半が反コービン派という中で、コービンさん自身がコンセンサス重視のキャラクターだったために、内実はまるで「プラットフォーム」組織と化して内紛が絶えない状態でした。そうすると、EU離脱問題に明瞭な態度が取れないのもそうですが、女性差別問題についても反ユダヤ発言の問題についても、個々の議員や活動家の言動のせいで、党全体のイメージが左右されてしまうのをどうするのかという問題が生じます。誰もその影響に責任が持てないことになります。党首独裁なら党首一人が責任を負うのが明らかなのですが。

結局こうなると、カリスマリーダーがいるならば、ポデモスのように粛清で解決するか、メランションさんのように自分の言う通りになる組織を作って出るかということになりますが、どちらのケースも、リーダー個人のカリスマ性に依存したために、リーダー個人のイメージを傷つける事件が起こると打撃を受けてしまったと言えます。

想像可能なわかりやすい物語

問題点の最後に、これも中島さんがあげていることですが、極右と比べて想像可能な物語を示しきれていないということがあります。中島さんは欧州について言っているのですが、要は、EUで反緊縮政策を実現するには、例えば欧州中央銀行を支配しないといけないわけで、それはかなりハードルが高いわけです。それに比べて、極右の物語のほうは、EUがなかった時代を思い出せばいいので、ずっと現実的に想像可能だというわけです。実際を言うと一旦ユーロ圏に入ったら経済的に無傷で脱退するのは極めて難しいのですけど。

このこと自体は、全欧的な反緊縮運動を作ることで現実性を持たせていくしかないのですが、それはこのコロナの問題で、流行の収束後に差し迫って起こるかもしれません。しかしもっと大きく言えば、EU以外でも、昔なら国有化したら経済がうまくいくといった想像可能な物語があったけれど、それに代わるわかりやすい物語があるかという問題は考えなければなりません。

課題解決の手がかり2点

さてこうした課題を解決するにはどうすればいいでしょうか。こんな難問ぞろいのことにすぐに答えが出せるはずはないのですが、2点ほど手がかりとなる要点を提起したいと思います。

1点目は、民族意識に対抗できる**「われら人民」のアイデンティティ意識形成の基盤となるものは何か**ということです。それは**「おまんま」のことしかない**ということです。特に新自由主義の犠牲になって生きづらい毎日をおくっている人たちはそうです。すなわち、自分たちよりもっとひどい目にあっている人たちの境遇を底上げしてこそ、自分たちの暮らしが改善されるという事実です。

例えば、非正規労働者や外国人労働者や発展途上国の労働者の労働条件が悪いと、雇用が取り替えられたり、外国に企業が出て行ったり、激安輸入品が入ってきたり、いっそう外国人労働者がやってきたりして、どちらにしても雇用が脅かされたり、賃金押し下げ圧力がかかったりします。それゆえ、これらの労働条件を底上げすることが、労働者みんなにとって利益になります。

これらの労働者をみんな戦闘的な労働組合に組織して、労働条件を改善する闘争を支援し、最低賃金を引き上げ、労働基準を強化することが、**今比較的恵まれているかもしれない労働者も含むみんなにとって必要だ**ということになります。

あるいは、暮らしの苦しい人や、障碍や医療や介護や子育てなどで特別のニーズがある人のために財政を支出してこそ、地域経済がよくまわってみんなの雇用や賃金が改善することになります。しかも、インフレがそんなに高くなければ、政府はおカネを作って支出するだけでいいので、みんなトクだけして損はしません。インフレが高いなら、「やつら」である大資本や大金持ちに払わせればいいだけです。**比較的恵まれた立場の庶民もこ**

れによってもっとおトクで安心できるようになるのだということです。

レフト1・0時代のマルクス＝レーニン主義者は、自分たちは「唯物論」なのだと言っていましたが、まさしくこうした事実に訴えることが「唯物論」的運動なのだと思います。

それから2点目は**組織をどうするか**ということです。対等な参加グループからなるプラットフォーム型政党はいいのですが、対立は必ず起こるもので、それに何らかの決着をつけつつ運営しなければならないとすると、何ら大衆の中での運動実態のないグループに対しても、他のグループと同じ比重の扱いをしていいのか疑問になります。日本のケースでは、一可能性としては選挙共闘用の政党連合から始まるイメージになると思いますが、そうすると、対立がないならないで、大衆のコントロールがきかないところで何でも「ボス交」（幹部の間だけの交渉）でものごとが決まるのも問題です。

むしろ、労働運動なり、協同組合運動なり、高齢者介護の運動なり、障碍者の自立支援の運動なり、中小事業者の相互支援の運動なり、授業料無償化や貧困者支援の運動なりといった、それぞれ具体的に人々の暮らしを作って大衆の役に立っている運動が地域にある中で、それらの運動が、相互の経験や情報を交流しあい、共通の政治課題に取り組むための結節点としてのプラットフォームが地域にできるべきです。

そしてそこに、いろいろな政治家グループを巻き込んでいくのが望ましいと思います。それは単に選挙のときの共闘をするにとどまらず、日常的に、互いの政治課題に共同で取り組む場となり、そのための政治家の貢献の度合いがその影響力に反映されるようにすべきだと思います。

第四章　体制変革としての反緊縮

I　生産手段を蓄積しない時代が不幸な時代という転倒

資本主義経済システム変革への道

反緊縮経済政策についてよくある誤解に、人口減少時代に合致しない経済成長依存論であるとの批判があります。あるいは、反緊縮政策論は資本主義的な経済システムを前提とする、単なる政策論だとの批判も見られます。

しかし、欧米レフト3・0は、明らかに今のこの資本主義的な体制を変革する意図でこうした政策を唱えているわけです。私見では、反緊縮経済政策論は、議論の本質として、人口減少時代を根拠として、生産手段の成長（資本蓄積）に依存しない再生産システムを説くものです。したがってそれは、資本蓄積を自己目的として成り立っているこの資本主義的な経済システムを変革し、生産手段を社会のどのような分野にどれだけ配分するかを、公的にコントロールするシステムをめざさないわけにはいきません。

日本の支配層がめざす、「生産性の低い」とされる部門の淘汰と新帝国主義への道も、もとを正せば、**人口減少の現実に日本資本主義が適応して発展しつづけるためにはどうすればいいかという課題への合理的な解決**でした。それに対抗するもう一つの道は、やはり人口減少の現実にどう適応するかという課題に答えなければいけないのですが、その答えは、資本主義的経済システムそのものを粘り強く変革していく道になるわけです。本章では、これについての私のアイデアを提起したいと思います。

人口成長しない時代は機械や工場を増やせない

人口減少時代ということは、労働力人口が増えないということです。資本主義経済では景気循環があって、好況、不況を繰り返しながらこれまで経済成長してきましたが、好況といってもどこまでも加速できるわけではなくて、失業者をおおむね雇いつくして完全雇用に達したら、それ以上は拡大できません。そこが経済にとっての「天井」になります。つまり、長い目で見たら、経済はこの「天井」の成長にバウンドされて推移することになります。

そうすると、労働力人口が成長しているときは、この「天井」も成長しますので、長い目で見て、生産が拡大することでますます多くの人を雇っていくことができます。だから、それに合わせて、機械や工場などの固定資本設備も、長い目で見て増えていかなければなりません。ということは、機械や工場を拡大するための設備投資が、景気に合わせた緩急はあれど、総じて旺盛に興らなければならないことになります。

それに対して、労働力人口が成長しないときは、この「天井」が成長しません。つまり長い目で見て雇用を増やせません。不況から好況になって設備投資が興って、失業者を雇って雇用が増えていったとしても、一旦完全雇用になるとストップです。個々の企業を見れば、どこかから人手を引き抜いたりできるところがあるかもしれませんが、経済全体としてみれば、それ以上機械や工場を拡張しても、そこに張り付けて稼働させるための人手が見つからないことになります。だから、景気が上向きのときに設備投資が活発になっても、不況のときにはそれが停滞して設備の廃棄のほうが上回り、長い目で見ると機械や工場などの設備の規模は増えることができないことになります（図表4－1）。

労働生産性が上昇する場合の補足

ただしちょっと補足しておきます。

古い設備を新しいものに更新するときに、最新鋭の技術のものに取り替えて、労働生産性が上がるということはあります。労働生産性が上がれば人手は以前ほどは要らなくなるので、人手があまります。そうすれば、もともと完全雇用に達していたとしても、そのあまった人手を配置すればいいので、経済全体で設備の規模を拡張することはできます。

しかし、労働生産性の上昇は年に1％あれば御の字というのがこのかんの現実でし

図表4-1　労働力人口の成長と生産手段の成長

労働力人口の成長が高いとき

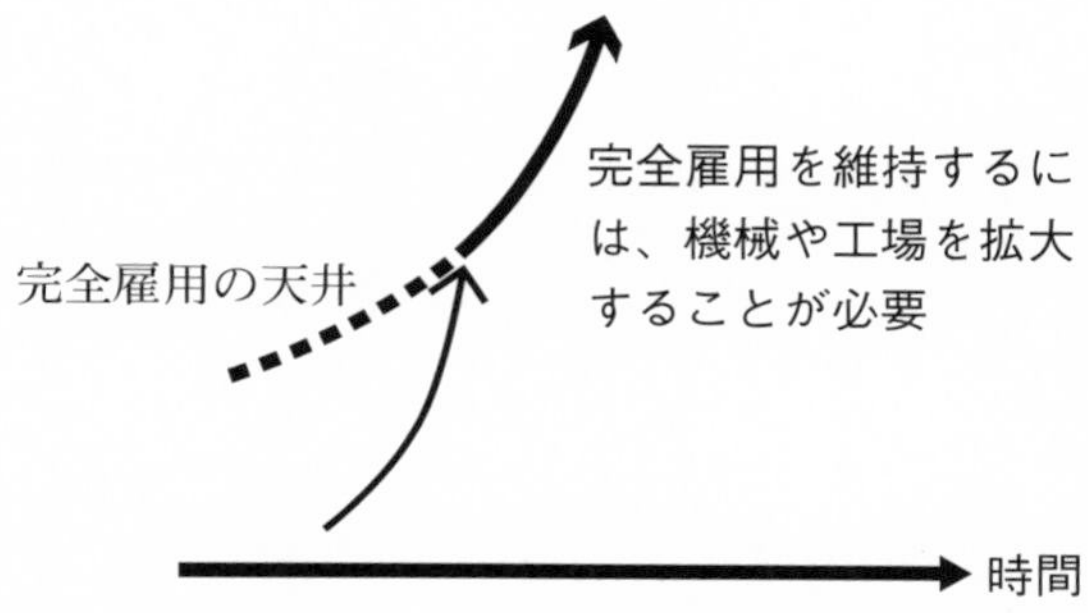

労働力人口が成長しないとき

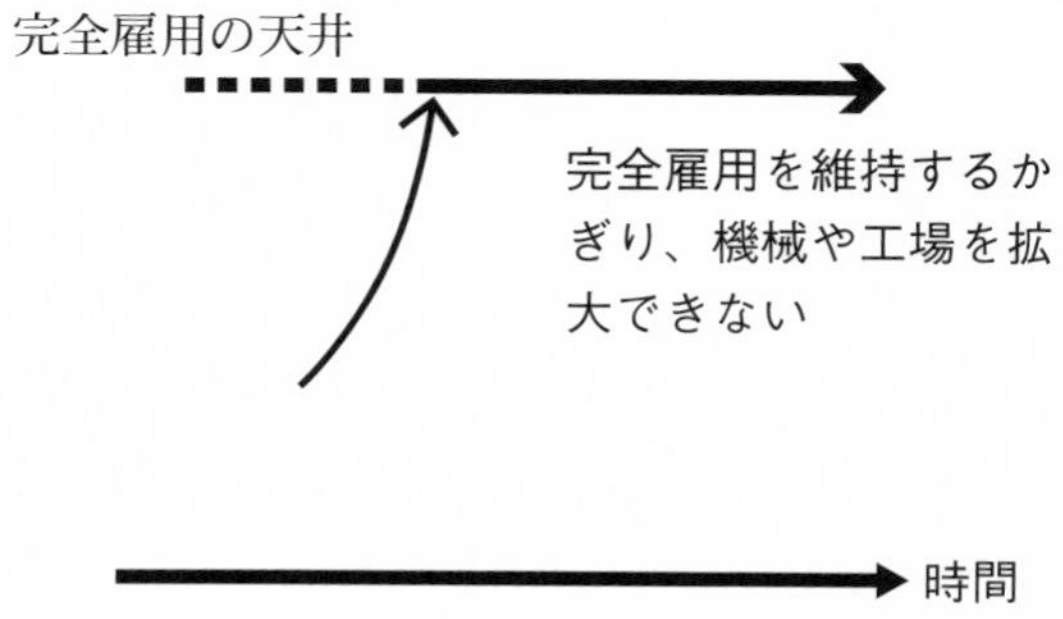

た。完全雇用を維持するために、それに合わせて固定資本設備を高々年率1％増やすということは、多めに見て固定資本設備がGDPの2倍あるとすると、GDPに占める拡張用設備投資の割合が高々2％であることを意味します。これはまだまだ「設備投資停滞」というべきレベルです。

それと、労働生産性が上がるような確実な政策というものがあるわけではありません。技術革新や新製品の開発などが起こりやすいような環境を公的に整えることはできるでしょう。しかし例えば、財政出動をどれだけしたらGDPがどれだけ増えるとか、雇用がどれだけ増えるとかということに匹敵するような、「こうした政策をこれだけとれば労働生産性が何％上がる」というような法則のようなことは言えません。いくら労働生産性が上がりやすい環境を整えたとしても、それで実際に労働生産性が上昇することをあてにして政策体系を作るわけにはいきません。

それゆえ以下では、労働生産性の上昇はたとえあったとしても以下の議論に与える影響は無視できるぐらい小さいとして話を進めます（労働生産性の劇的な上昇があった場合は、完全雇用に達するまでの増税なしに政府支出を増やす余地がそれだけ増えるというだけで、その余地を資本蓄積の復活のために使わせる必要はありません）。

設備投資が総生産や雇用を決める

さてそうすると、今の日本経済では、一旦完全雇用が達成されるとそのあとは人手を増やせないということになります。また、人口が増えないということは、国内の市場規模が拡大しないということです。また、産業が成熟して新たな事業機会がなかなか見当たらないということもあります。以上のことから、日本国内への企業の設備投資は、長期傾向的に低迷するということが見込まれます。

資本主義経済では、世の中全体の設備投資の水準が、世の中全体の生産や雇用の水準を決めるのが法則です。民間企業の経営者が決める設備投資需要が独立変数になり、それが増えた結果、機械や鉄鋼やセメントなどが売れるようになって生産が増え、これらの部門の雇用が増えます。そうすると、もうかった業者や職を得た労働者が消費を増やします。そうすると消費財も売れるようになって生産が増え、また雇用が増えます。そうするとまた人々の所得が増えるので消費が増え……と、この過程が続き、それらの総計として、世の中全体の生産水準や雇用水準が従属変数として決まるという仕組みになっています。

だから設備投資が旺盛でどんどんと興ってくる経済は、総需要が強く、インフレ気味で、生産や雇用もまたどんどん高まることになります。

逆に、設備投資が長期傾向的に停滞する今の時代というのは、ほうっておけば、長期傾向的にデフレで景気が停滞し、雇用が不十分で、失業者や不安定な就業者がたくさん出てしまう時代ということになります。

設備投資しなくていい時代はハッピーのはず

これは考えてみたらおかしな話です。

数十人からなる共同体が無人の大陸に渡って開墾する例を考えてみましょう。灌漑施設もない農機具もない機織り機もないという生産手段に乏しい状態では、まず、多くの人手を生産手段の生産に割くことが必要になります。その結果、消費財生産に割く人手は少なくなって、人々は少ない消費財で耐乏生活を余儀なくされます。これは、「ハード」な時代です。

しかし一旦十分な生産手段ができたならば、人々はその生産に取られていた人手を消費財生産にまわすことができ、たくさんの消費財を享受できる「ハッピー」な時代がきます。

ところが資本主義経済ではこれが逆になるのです。

生産手段の建設が進む設備投資拡大期には、雇用が拡大し、その結果消費も拡大します。だから資本家のみならず労働者も「ハッピー」な時代になります。これが好況期です。

他方、生産手段があまり作られなくなる設備投資停滞期は、雇用が減少し、失業者が増え、その結果消費も減退します。だから資本家のみならず労働者も「ハード」な時代になります。これが不況期です。

今の日本のように生産手段が十分蓄積されてしまって、もう増やす必要がなくなった状態というのは、本来望ましいことで、経済成長期に生産手段の生産に割かれていた労働を消費財生産にまわして、みんなが豊かな消費を享受できるはずです。ところがまさに生産手段をあまり作らなくてよくなったがゆえに、多くの人々が路頭に迷って食うに困る現象が起こるのです。

このような転倒が起こるのは、資本主義経済が、人々の生活を豊かにすることを目的にして生産が行われるシステムではなくて、利潤追求のために生産が行われるシステムだからです。利潤追求ということと表裏になっている別の言い方をすると、生産手段の成長、すなわち「資本蓄積」が自己目的になっているシステムだから、こんな転倒が起こるのだということです。

Ⅱ　企業か政府への信用創造がおカネを作る

私企業への私銀行の私的利潤目的での信用創造

それゆえこのような状況を打開するためには、人々のコントロールできないところで勝手に生産手段の蓄積（設備投資）のあり方が決まり、その結果として人々の雇用や所得が決まってしまうあり方をひっくり返し、人々の暮らしの都合にあわせて生産手段のあり方をコントロールするのでなければなりません。

では人々の雇用や所得や消費生活が従属変数で、設備投資が独立変数となってしまっているキモとなるしくみは何か。消費が従属変数なのは、それが所得の範囲内でなされるからです。特に、労働者は雇用されないとまともな消費はできません。

それに対して設備投資が独立変数なのは、それがさしあたり所得とは関係なくなされるからです。それを可能にする決定的なしくみが「信用創造」です。

世の中のおカネの大半は「預金」です。私たち庶民も、給料を預金口座に振り込んでもらい、電気代やガス代や通信料などを預金口座から引き落として払っています。会社どうしの取引になると現金なんてまず使われません。普通預金とか当座預金で振り込んでいます。それと比べると現金なんて無視していい規模です。

この預金がどのように作られているのかというと、銀行からの借金で作られているのです。

例えばある会社が、工場を新しく作るのに1億円おカネを貸してくれと銀行に頼んだとしましょう。銀行がOKと言って融資が決まるとどうなるでしょうか。その融資先の会社がその銀行に持っている預金口座に、「1億円」と書き込むのです。現代でしたらキーボードを叩いて「1億円」と入力するのです。他所から預かったおカネを又貸しするのではなくて、無から作る。これが「信用創造」と呼ばれるしくみです。

この預金が、従業員の給料や仕入れ先への支払いに使われて、従業員や仕入れ先がまた支払いに使って、世の中におカネとして出回っていきます。世の中のおカネはこうやって作られているのです。みなさんの預金を貸し付けているのではなくて、こうやって貸し付けで作られたおカネがみなさんの預金になるのです。

逆に言うと、その会社が銀行に借金1億円を返すと、その会社がその銀行にもっている預金口座から1億円が差し引かれ、その銀行のその会社に対する貸し付けが消滅します。預金が1億円消えるということですから、それはそれだけ世の中からおカネが消えるということです。

つまり、世の中に出回っているおカネというものは、私企業と私銀行が私的利潤目的で、私有生産手段を拡大するために、民意がコントロールできないところで作られているのです。**おカネの発行が民営化されているということです。**当然おカネというものは、経済の血液として、重要な公共的な役割を担っているはずですから、ここに深刻な矛盾が生じます。

私的信用創造が経済を不安定にする

例えばこのしくみは経済を不安定にします。

好況が進むと、企業は強気になり設備投資計画を増やします。銀行も楽観的になって貸し付けを増やします。そうすると世の中におカネがどんどん出されることになります。人々はそのおカネで財やサービスを需要しますので、ますます好況が進みます。この因果の循環がぐるぐるまわって景気がどんどん過熱していくことになります。

逆に、不況が進むと、企業は弱気になって設備投資計画を減らします。銀行も悲観的になってなかなか貸し付けしないようになります。それどころか、早くおカネを返せと言ってきます。なので、世の中に出るおカネは絞られ、それどころか減っていって、不況にますます拍車をかけ、悪循環になって景気がどんどん悪くなっていくことになります。

また、設備投資が停滞する時代に入ったら、銀行は、せっかくおカネを作って世の中に出すしくみを持っているのに、なかなかもうかりそうな設備投資の融資話がきませんから、このしくみが投機に向かうことになります。こうして、例えば土地投機に貸し付けが向かえば、それで世の中に出回ったおカネがまた土地投機に向かってますます土地が値上がりして、またも土地投機のための貸し付けの案件が発生するというように、どんどんバブルを進行させます。結局どこかでバブルが崩壊して、ただまじめに仕事をしていただけの企業にもおカネが回らなくなって、倒産や失業を生み出すことになります。

「国の借金」でもおカネが作られる

だからこの設備投資が長期傾向的に停滞した時代、私的信用創造が停滞することはそれに合わせたことなので、無理に増やす必要はないのです。でもそうしたら、世の中に必要なおカネが作られなくなって、不況がひどくなって倒産や失業がたくさんでます。どうしたらいいでしょうか。

実は信用創造で世の中におカネが作られるのは、民間企業への貸し付けのときだけではありません。銀行が国におカネを貸すときも同じです。制度によって会計取引の途中経過はいろいろ違うかもしれませんが、結論的には、1億円の赤字財政支出があったとき、政府支出の支払い先の業者が銀行に持っている預金口座に「1億円」と無から書き込まれるのです。その見返りに銀行は1億円の国債を資産として持ちます。国債を買った銀行と、政府支出先業者の預金口座を持っている銀行が別の銀行の場合はもう少し詳しい説明が必要になりますが、銀行部門全体としてひとつにまとめて見たら同じことです。

重要なことは、**みなさんから借りた預金を国に又貸ししているのではない**ということです。新たに1億円の預金が無から作られ、その預金が、従業員への給料や仕入れ先への支払いに使われて、世の中におカネとして出回っていきます。だから国がこの国債のおカネを返すと、やはりその分世の中からおカネが消えてしまいます。銀行部門の手元に残るのではないのです。公衆から税金を取ったときに公衆の預金がその分減ります。それで国債のおカネを返すと、国債がその分消えるというだけです（詳しく言うと、公衆の税金を政府に送金するときに、公衆の預金が減った分、その銀行が日銀に預けてある準備預金が減り、他方、政府が国債のおカネを銀行に返すときに、その銀行が日銀に預けてある準備預金の口座に入金するので、銀行部門全体をまとめれば、準備預金の増減が相殺《そうさい》されて、公衆の預金が減った分国債が消えるだけになります）。

図表4-2　民間銀行全体のバランスシートに見る預金＋貸し付け

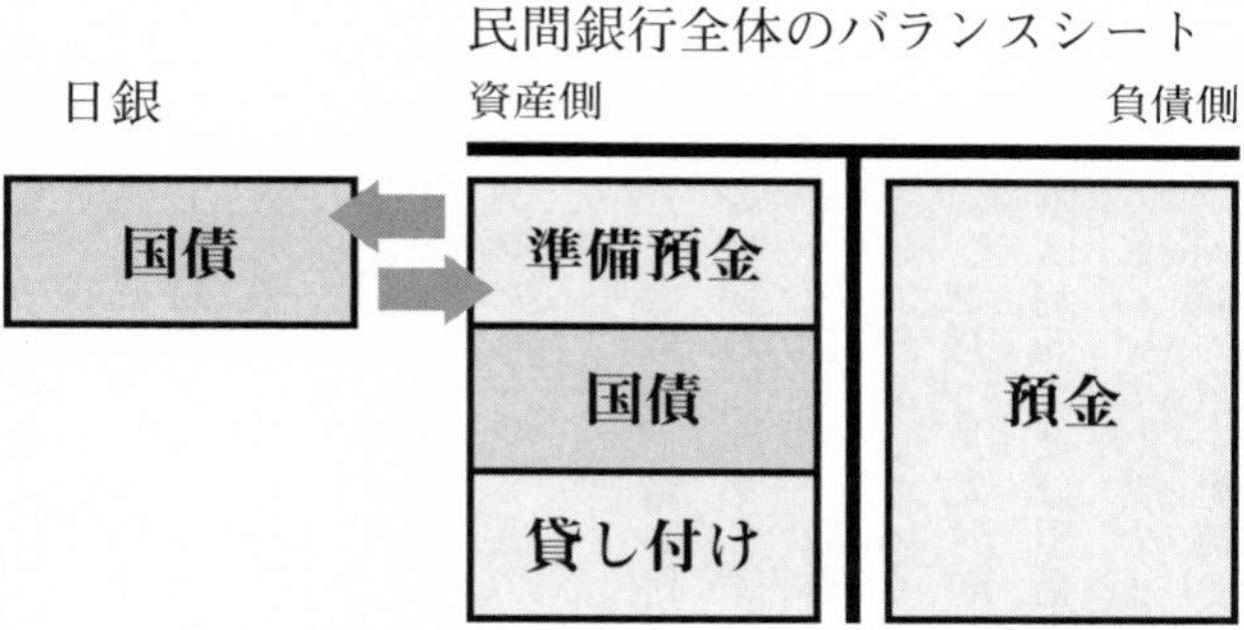

おカネの裏には民間企業への貸し付けか国債が

　ということは、世の中に出回っているおカネの大半である預金は、**民間企業に対する貸し付けか国債が裏付けになっている**ことがわかります。一般家計に対する貸し付けもありますが少ないので省略します。つまり、図表4‐2のように銀行部門全体のバランスシート（貸し借りの帳簿）を図示すると、銀行にとっての「負債」である預金には、それに見合って同額の「資産」である「国債プラス貸し付け」が対応しているということです。国債は、日銀が買い取って、その代金を、民間銀行が日銀に持っている口座に準備預金として入れているかもしれません。つまり、民間銀行全体としては、預金に対応するのは、「準備預金＋国債＋貸し付け」ですが、その準備預金の裏には日銀の資産となった国債があるので、結局、世の中に出回っているおカネの裏には、国債か貸し付けがあるということになります。

民間企業への貸し付けが減ると世の中のおカネが減る

さてそうすると、設備投資が停滞する時代になると、貸し付けが減りますから、その分預金が少なくなります。ということは世の中に出回るおカネが少なくなってしまい、その分機械を買うにもセメントを買うにも従業員の支払いにも使われないわけですから、完全雇用を維持するための総需要が足りず、不況になって失業者がたくさん出てしまう事態になります。

だからこういうときには、貸し付けの代わりに国債が裏付けになって、世の中に出回るおカネを十分に維持するしかありません。つまり、政府が国債を出して銀行がそれを持つことで預金通貨を作り出し、それが政府による財やサービスへの需要になって、受け取った人の手に需要として波及していくことで、十分な雇用を維持するということです。

ところがもしここで国の借金がたくさんあるのは大変だと言って、国債のおカネを返してしまったら、国債が消えた分預金も消えて、世の中に出回るおカネが不足して不況になって失業者がたくさん出てしまいます。だから、国債の期限がきても、**返してしまわずに借り換えをして、**国債の量を維持しないと、正常な経済を再生産していくおカネを世の中に維持していくことができないということになります。

Ⅲ　政府債務増加は民間貸し付け減少を補ってきた

マーシャルのkは長期的増加トレンドの上に

ですから、国債がたくさん出すぎることの問題は、それ自体が問題なのではありません。その分世の中にたくさんおカネが出回るので、それがあまりに多すぎると人々の購買力が国全体の供給能力をオーバーしてしまってインフレが悪化してしまうことが問題なのです。

ではこのかん国の供給能力に対してどのくらいのおカネが出回ってきたのでしょうか。世の中に出回っているおカネのGDPに対する比率はマーシャルの*k*と呼ばれます。世の中に出回っているおカネのデータのとり方にもいろいろあって、預金としては、あらゆる預金をかき集めたM3というのが一番いいのですが、これは1972年からしかデータが見つかりませんでしたし、途中でデータの取り方が変わってしまって、あとでお見せするようにグラフが見にくくなります。

仕方ないので、預金としては狭い意味の銀行の預金にかぎっているM2というデータを

図表４-３　M2ベースのマーシャルのkの長期推移

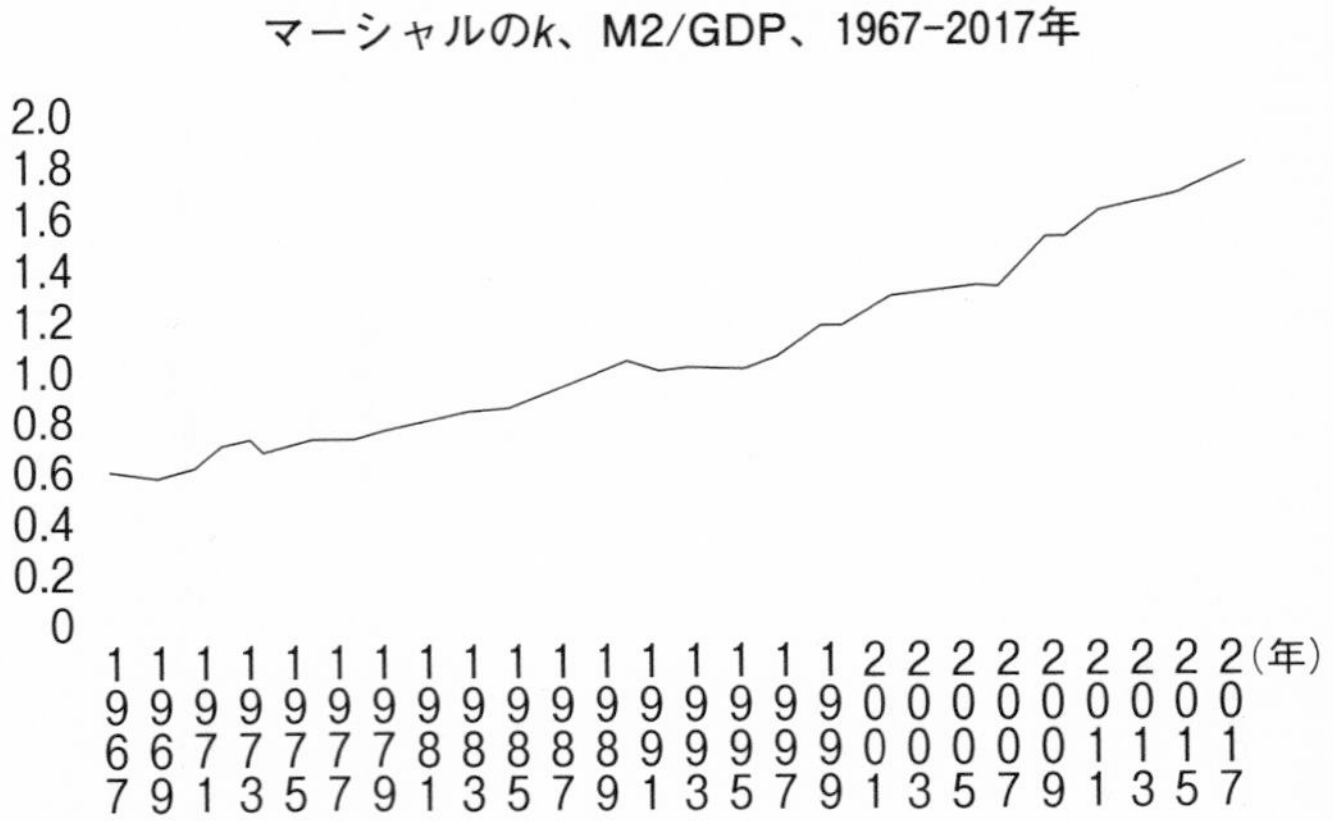

内閣府「経済財政白書」長期経済統計より

使います。これはまだ高度成長時代の１９６７年からデータがありましたので、半世紀以上にわたる推移が見られます。これを世の中に出回っているおカネの数値として使うと、それをＧＤＰで割ったマーシャルの*k*の長期推移は図表４－３のようになります。

ご覧いただいてわかるとおり、半世紀以上の長期にわたって一貫したトレンドの上に乗っています。国債のＧＤＰ比が急増しだした１９９０年代末以降を取り出しても、特に上昇の勢いが高まっているわけではありません。１９９０年代末以降はデフレ不況が本格化したときですから、ここでのＧＤＰはたくさんの失業者を出したり工場の稼働率を低くしたりして生み出された数値です。もし国の供給能力いっぱいまで使って生み出されるGDPを分母にして計算したら、グラフはかえってこの時期緩やかになっているはずです。つまり、国債のGDP比の急増のせいで、世の中に出回るおカネの量が国の供給能力に対して過剰に高まったというような事実は、ないということです（なお、コロナ禍以降の直近で言うと、日本も含む先進国どこでも、マーシャルのkは急増している。しかしこれは別の論点なのでここでは省略する）。

政府債務増で補ったおカネとは

では、もう少し期間は短くなるし、データの取り方が途中で変わるのですが、あらゆる預金をかきあつめたM3をGDPで割ったマーシャルのkの推移をグラフで見てみましょう。ここに、政府債務の対GDP比の推移をグラフにしてかきいれてみました。それが次ページの図表4－4になります。

マーシャルのkのうち、政府債務の対GDP比との差が、だいたい民間企業への貸し付けで作られた預金のGDP比ということになります。ご覧になってわかることは、**民間貸し付けの割合が減った分、政府債務の割合が増えて補ってきた**ということです。

それゆえ、もしこのかんここまで政府債務が増えなかったならば、日本経済は**私たちが**

図表4-4　M3ベースのマーシャルのkと政府債務対GDP比

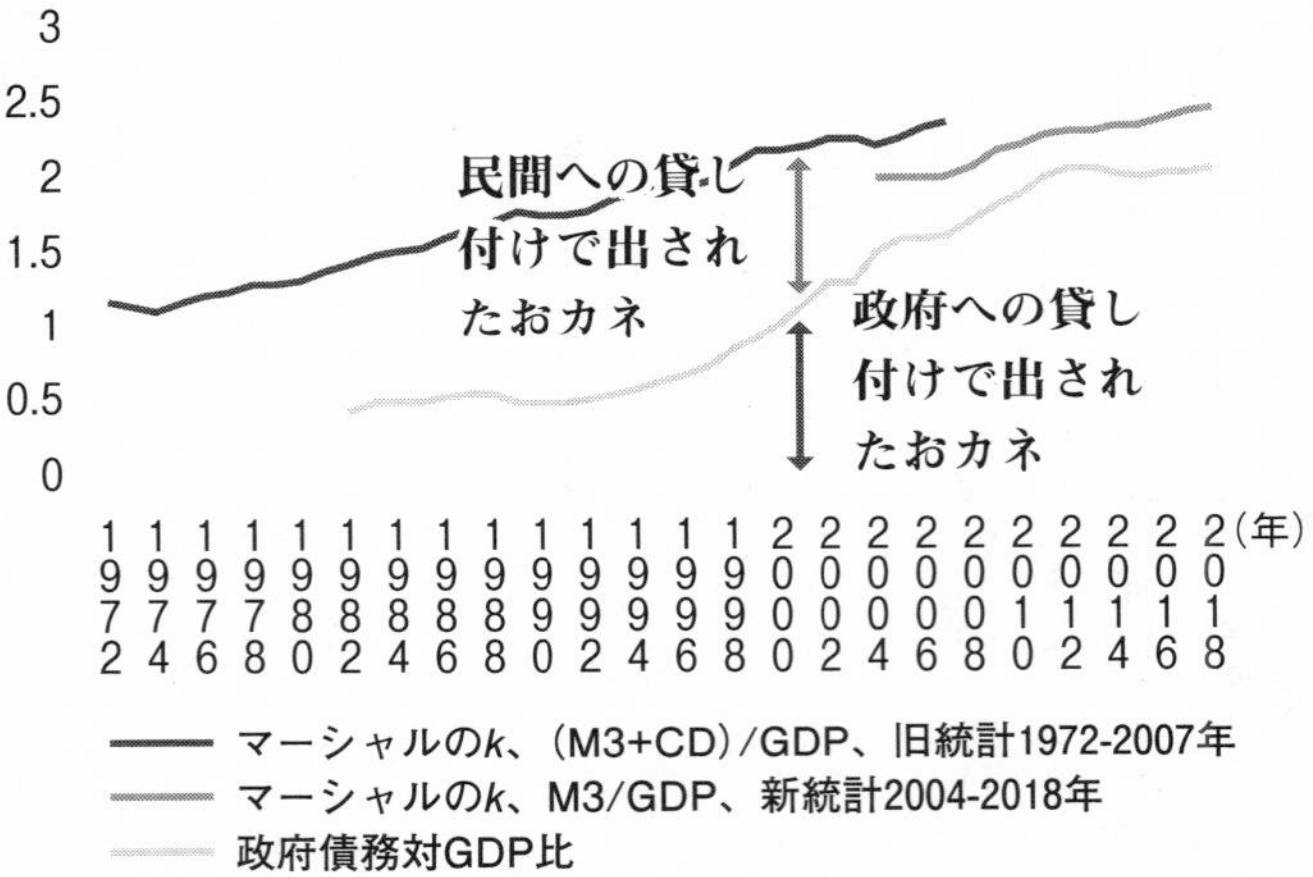

日経NEEDS社会科学情報検索システムより

経験した以上に不況がひどくなって、社会が成り立ってなかっただろうと言えます。

　出回るおカネの購買力が世の中全体の財やサービスの供給能力以内なら、国債のおカネは返すべきではないのです。銀行は、おカネを返してもらっても、国債が消えて利子がもらえなくなるだけで、何のメリットもありません。だから、利子がとれるかぎり借り換えに応じます。銀行は超優良企業の借金を返させたりせず、期限がきても借り換えさせるか、別の案件で借金をさせるかするものですが、国はつぶれませんからなおさらです。

Ⅳ　国債ではなく日銀の出したおカネでよい

日銀が民間の銀行から国債を買い取れば

それでも心配ですか。たしかに民間銀行ですから、借り換えに応じない自由はあります。拒否されたらどうする。あるいは、高い金利をふっかけられたらどうする。いくら大丈夫と言われても、心配が消えない人もいらっしゃるでしょう。

それが心配ならば、**日銀が民間の銀行から国債を買い取ってしまえばいい**のです。民間の銀行はその代金として、日銀に預けてある口座に準備預金を入金してもらいます。準備預金というのは日銀が出したおカネです。一応、日銀にとっては会計上負債側に記載しますが、それは形の上のことで、日銀はこれと引き換えに何も返す義務はありません。たしかにこれと引き換えに日本銀行券（お札）を渡せと言われたら渡しますけど、ごく一部の現金需要への対応を除き、実際にはそんなことをわざわざ大量に要求する銀行はありませんし、仮に要求されても日銀はいくらでも日本銀行券を作ってこれに応じることができます。

日銀が民間の銀行から国債をたくさん買ったら、世の中におカネがいっぱい出されてインフレがひどくなると心配する人もいますが、世の中に本当におカネとして出回っているのは預金通貨です。預金通貨の裏付けになっているのは、先述のとおり、民間の銀行の持っている国債と準備預金です。この国債が準備預金に入れ替わるだけで両者の合計額は変わりませんので、預金通貨の量には何も変わりはありません。

いやいや、民間の銀行がたくさん準備預金を持てば、預金通貨を出せる上限が増えるので、やっぱり世の中におカネが出回りすぎてしまうとおっしゃるかもしれません。なるほど、預金の一定割合（とても小さな率です）は準備預金として日銀に預けなければならない決まりがあります。逆に言うと、準備預金にこの率の逆数の倍率をかけたところまでは預金を作れます。仮に民間の銀行がみんな、ぎりぎりその限界の預金額まで貸し出しするなら、準備預金が増えると世の中に出回るおカネが増えるとは言えます。でも、今の銀行は全然貸し出しをしないので、上限額よりずっと少ない預金しか作っていません。それに、もし貸し出しが増えてインフレが高まったら、たとえ預金額の上限に達しなくても、日銀は金利を上げたりいろいろして貸し出しを抑えますので、この上限が増えたからといって世の中に出回るおカネが実際に増えるわけではありません。

日銀の金庫の中の国債はないのといっしょ

日銀が民間の銀行から国債を買うことはこのかん実際にやってきたことでした。日銀が国債をどんどんと買ってきた結果、今、国債（国債および国庫短期証券）の約半分、2020年3月末時点で44・2％は日銀が持っています。

さきほどは民間銀行の持つ国債は期限がきても借り換えられると言いましたが、民間のやることですから嫌だと言われる可能性はあります。しかし、中央銀行の持っている国債こそ、**期限がきたら借り換えられることは大原則**なのです。返して減らしてしまったら、その分世の中からおカネが消えます。原則として返すわけにはいかないのです。

政府は、日銀の持つ国債の利息を日銀に払いますが、日銀は収入から経費を除いた残りは「国庫納付金」として国に納めます。つまり、日銀の運営経費を国が払って、それ以外の分の利息は払っていないのと同じです。要するに、**日銀の金庫の中にある国債、現在約500兆円は、この世にないのと同じ**ということです。

たしかに、将来インフレ率が高くなってそれを抑えなければならなくなったとき、日銀は国債を売って金利を引き上げて総需要を冷やす操作をします。いわゆる「売りオペ」というやつです。そうすると、その分の国債は民間銀行の手に移りますので、もし期限がきて返せと言われたら政府はおカネを返さなければなりません。もっともこの場合も借り換えになる可能性が高いですけど。

あるいは、インフレを抑えるためには、日銀の持っている国債を借り換えずに、一部は期限が来たら政府がおカネを返して吸収してしまうという手段もとられます。

ですけれども、この対象になる国債は、日銀の持つ500兆円の国債のうち一部でしかありません。500兆円と言えば日本のGDPとほぼ同額ですが、ぐずぐずせずに普通のタイミングで売りオペを発動して、インフレ目標2％を高々1〜2％超えた程度の分のインフレを元に戻すのに、日本のGDPをまるまる吸収するようなオペをするはずがありません。多くは、日銀の金庫の中に永久に残り続けます。インフレを抑える方法は売りオペ以外にもたくさんありますからなおさらです。

だから、日本の国の借金1100兆円以上を返さなければならないと心配している人には、その4割ぐらいはもう日銀が返してしまったのだと言いましょう。

なお、補足しておきますと、現在日銀の持っている国債の期限がきたときは、たしかに直接の借り換えはほとんどしていません。しかし政府が、借り換えのための国債を民間銀行に向けて発行し、それで調達した資金で日銀の持っている国債のおカネを返し、日銀は民間銀行が買った国債を買い上げるという迂遠な形式をとって、結局事実上借り換えをして国債の量を維持しています。これは、あまりにも日銀が国債を買ったために、民間銀行などで国債が足らなくなって国債飢餓状態になっているため、一旦民間に国債を通すようにしているのだということを、日銀職員の知人に確かめています。

日銀が国債を買い取れば金利が抑えられる

さて要するに、国債というとおカネの貸し借りのような体裁をとっていますがそれは見せかけであって、マクロ経済法則的な機能としては、政府・中央銀行は民間銀行に資産として「国債または準備預金」を無から作って渡して、その分預金通貨を作らせて、それを支払い手段として政府支出しているわけで、国債も準備預金も**ともに「おカネの正体」**と考えるべきです。そこに、利子のつく国債と利子のつかない準備預金という2種類あるのは、中央銀行が民間銀行との間で国債を売り買いして、国債と準備預金との保有割合を変化させることで、金利を調整するためであるとみなすことができます。

不況で設備投資需要を抑える必要がなく、むしろ更新投資の分でも設備投資が興ってほしい時期には、企業がおカネを借りる気になりやすいよう金利は低いほうがいいです。しかも、ひどい不況では、ぎりぎりのところで営業している中小企業も多く、そういうところを救うにはなるべく金利を下げたいところです。もし金利が高いと、日本でおカネを運用するのが有利になるので、資金が海外から流入して外貨を円に換えようとするので円高になります。そうすると輸出は不利になって、安い競合品が輸入されてきて、不況のときには困った話になりますのでやはり金利は抑えたいところです。そもそも左派の立場としては、大きなブルジョワジーに不労所得である利息がたくさん払われるのはしゃくにさわるところです。

そもそも、現行のルールのもとでは、今のようなひどい不況のときは、中央銀行が民間の銀行から国債をたくさん買って、民間銀行が準備預金をたくさん抱えるようにすることは、民間が国債を持っていたら借金を返さなければならないと心配する人を安心させられるだけではなくて、金利を極力抑えるためにもいいことだと思います。

つまり、先述のとおり、民間銀行には、預金の一定の割合の額の準備預金を持っていなければならない決まりがあります。それを超えた準備預金を抱えると、原則利子がつきませんので、なんとかほかの銀行に貸し付けて運用しようとしますが、みんなが同じことをするので借り手が見つからず、銀行同士の貸し借りの金利はゼロになるというわけです。このときには一旦国債を出して民間銀行に買わせたとしても、結局は日銀がそれを買うので、民間銀行に資産として準備預金を持たせて、その分預金通貨を作らせて、それで政府支出するのと同じことになっています。

政府がおカネを出して政府支出にすればいい

それならば本来は、まどろっこしいことをせずに、最初から政府が直接に日銀に国債を買わせて政府支出すればいいじゃないですか。この場合は、日銀から政府の口座に振り込まれたおカネが、民間銀行に振り込まれて準備預金になり、その分、政府支出先業者の預金におカネが書き込まれて政府支出がなされることになります。いわゆる日銀による財政ファイナンスですね。

もっと理想をいえば国債という形式も要りません。政府が直接おカネを出して民間銀行の準備預金として振り込み、その分政府支出先業者の預金におカネが書き込まれて政府支出がなされるのでもいいです。もっと究極の理想を言えば、民間銀行という制度もなくして、政府がおカネを作って直接政府支出先の業者の預金口座に振り込むのでもいいです。いわゆる政府通貨制度です。

これらは現行の法制度には反していますが、現行の法制度で普通になされている民間銀行に国債を買わせる政府支出以来、右記の政府支出はいずれも、一番コアの本質は変わりません。中央銀行も含めた広義の政府が、広い意味での「おカネ」を作って世の中に出すことで政府支出しているということです。そうであるならば、本来は、何か一般預金者からおカネを借りているかのような、そしていつか返さなければならないような誤解を与える、国債という形式はやめて、あからさまに政府がおカネを作って使う形に改めたほうがいいでしょう。

V　財政均衡自体にこだわるのは有害無益

税金は財源ではなくてインフレ抑制が役目

でも、こんなことをして大丈夫なのかと心配する人はいらっしゃると思います。ひどいインフレになるのではないかと。ご心配はごもっともですが、国全体の供給能力を超えない間は大丈夫です。供給能力に比べて総需要が少ないときには失業が発生します。そんなときには、政府が広い意味でのおカネを作って政府支出することで、インフレを悪化させることなく、総需要を増やし失業を減らしていくことができます。

もちろん、政府が広い意味でのおカネを作って支出をつぎ込んだ暁に、めでたく完全雇用が実現されたならば、もう生産能力はいっぱいです。それ以上同じことを続けると世の中の購買力に供給能力が追いつかず、インフレがひどくなっていきます。

そこで、**人々から購買力を奪って総需要を国の供給能力の範囲内に抑える必要があります。それが税金というものの役目**なのです。

つまり、税金が政府支出のための財源であるかのような体裁をとっているのは見せかけであって、人の意識を離れたマクロ経済法則的な機能としては、政府支出で拡大した総需要が行き過ぎないように、出されたおカネを回収して消滅させているのです。

ですから、税収と政府支出が金額的に均衡すること自体には全く何も意味がありません。税収に比べて政府支出が少なすぎると失業がたくさんでてしまう。税収に比べて政府支出が多すぎるとインフレがひどくなってしまう。税収と政府支出がうまくバランスしたとき、失業もインフレもひどくないちょうどいい状態が実現しますが、それが、**金額的に税収=政府支出となっているとはかぎらない**わけです。

いいでしょうか。一国を家計になぞらえてはいけません。家計にとっての制約はおカネです。でも国はおカネを作れるのです。国にとっての制約は労働などの生産資源です。生産資源が余っているかぎり、それを利用できます。

なぞらえれば、どこかの大きなスーパーが、自社の商品券で従業員を雇うようなものです（本当は違法なのでやってはいけません。今時のスーパーならやりかねないので怖いですが）。スーパーで売っているものが買えるのなら、承知して雇われて働く人は現れるでしょう。商品券を受け取った従業員がスーパーで物を買ったら、商品券は会社に戻ってきますが、会社はそれをシュレッダーにかけていいです。紙がもったいないから再利用することはあっても、回収した商品券が、商品券支払いの「財源」というわけではありませんよね。商品券自体は会社にとって何の制約でもなくて、いくらでも作れるのです。会社にとって制約となるのは、スーパーの商品そのものがなくなることです。これが一国の場合にはひどいインフレになることにあたります。

昔は長期的財政均衡ルールに意味があった

昔はインフレを測る統計技術が未発達でした。でも、好況のとき容易に設備投資が旺盛に興る時代でしたら次のようなことができました。

仮に不況のとき、収入以上に政府支出して、民間に実需を伴うおカネを出して景気を回復させたとしましょう。そのとき作った政府の借金を、好況のとき、支出以上の収入で財政黒字を出して返すと、民間からおカネが吸収されてインフレが抑制されます。すると、インフレ統計を見ずとも、長期的に財政均衡を図れば、失業もインフレも悪化しない景気安定化がもたらされることになります。多少のズレが出ても、中央銀行が金利を高くしたり低くしたりして、おカネの貸し借りに影響を与えて、設備投資を調整すれば、それは補正できることになります。

こういう時代には、政府債務を作ったらすぐ返しなさいとするルールに、意図せずとも景気を安定化させるという合理性があったと言えます。

　ところが、今の日本のような、長期傾向的に設備投資が停滞した時代にはどうなるでしょうか。好況時にインフレ抑制のために増税などをして民間からおカネを吸収すると、すぐに景気が落ちてデフレに戻りがちです。不況時に赤字財政支出して景気刺激すると、たくさん支出しないと回復しません。だから、長期的に財政が均衡するように運営すると、景気の状態は長期平均的に停滞が基調になり、失業者がたくさん出たままになってしまいます。長期的に景気が安定化するように運営すると長期平均的に財政赤字が基調になり、長い目で見て政府債務がたまっていくことになります。長期的な財政均衡と長期的な景気の安定化が大きくズレることになるわけです。

　ではどちらが優先されるべきかというと、**もちろん景気の安定化です**。人々の暮らしこそが目的で、財政の均衡はインフレ統計技術が発達してない時代にそれをだいたい達成するための一手段だったと見るべきです。今は、お店のレジ情報を集約するＰＯＳシステムから、直接に一般物価が自動計算できる時代です。**インフレ率や失業率を直接見ながら財政支出や増減税を決めればいいのです。**

民間が貸すなら政府は借りる

設備投資が停滞した時代には財政赤字が出るのは当然のことで、避けることはできないのは、次のような考察からも明らかです。

誰かが借りているから誰かが貸すので、貸し借りというのは必ず表裏の関係になっています。そうすると、世の中全体を「民間」と「政府」にまとめて見ると、民間が借りているなら政府は貸す、民間が貸しているなら政府は借りるという関係になっていることがわかります（あと、「外国」がありますが、とりあえず省略します）。

そうすると、民間企業の設備投資が旺盛で民間貯蓄でまかないきれない高度成長期は、民間が借り入れ超過になっていますから、そのときには政府は貸し付け超過になります。つまり、税収が支出より多い財政黒字になるということです。逆に、民間企業の設備投資が落ち着いた成熟期になると、民間が貯蓄超過になっていますから、そのときには政府は必然的に借り入れ超過、すなわち財政赤字になるということです。

実際、高度経済成長時代からの日本の民間の貯蓄不足・貯蓄超過と、政府財政の黒字・赤字の具合が対応していることは、図表4－5を見ると一目瞭然だと思います。それぞれをGDP比にしてグラフにかいたものですが、両者はゼロの線を境にして、きれいに鏡像のような形をしています。

図表４-５　日本の貯蓄・投資バランス：GDP比

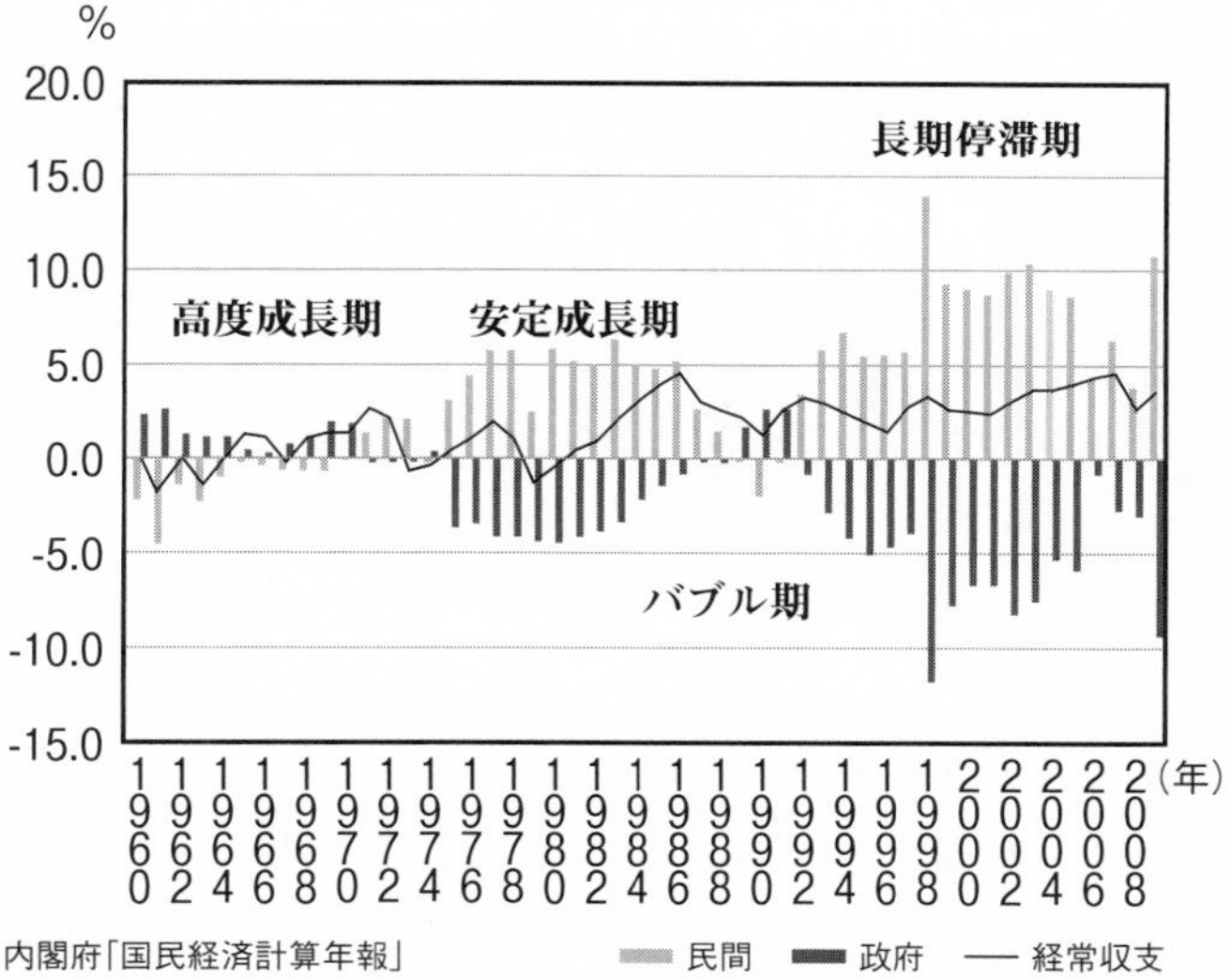

内閣府「国民経済計算年報」

笹山茂講義ノート　https://www2.kumagaku.ac.jp/teacher/~sasayama/macroecon/lecture04.html

グラフ中の説明書きは引用者による

１９６０年代の高度成長期には、民間は設備投資が盛んで借り入れ超過なのでマイナス側にあります。他方、政府はそれと反対側のプラス、つまり財政黒字になっています。それが、１９７３年のオイルショック後の安定成長期になると、設備投資が落ちついて民間は貯蓄超過でプラス側になります。すると政府はそれと反対側のマイナス、つまり財政赤字になります。この民間の貯蓄超過が年々解消されていって、しまいにマイナス側、つまり借り入れ超過にまで至ったのがバブル景気で、そのときには政府はそれと反対で、財政赤字が年々解消され、ついに黒字化しました。そのあとバブルが崩壊して長期停滞期に入り、民間は設備投資が低迷して巨額の貯蓄超過を出すことになるのですが、政府はちょうどその反対で巨額の財政赤字を出すことになったわけです。

だからときどき、「もう市場が成長しない時代になったのだから、設備投資が停滞することは必然だ」と言いながら、その同じ人が「財政赤字が拡大しているのは大変だ。削減すべきだ」と言うことがありますが、**この2つの論は両立しない**のです。

成熟先進国では財政黒字は危機の兆し

むしろ、成熟先進国が財政黒字を出すのは、危機の兆しと言えます。財政黒字ということは民間が借り入れ超過ということだからです。

高度成長期なら、民間の借り入れは大方設備投資で、それで固定資本設備が作られたら、それだけたくさん生産物が作られて、それがちゃんと売れて、企業は利益を出していました。だから、民間が借り入れ超過になってもそう問題はなかったと思います。しかし、現代の成熟先進国で国全体で民間が借り入れ超過になって、それが拡大しているということになると、いったいそこまでの市場拡大を見込んだ設備投資が経済全体で大々的になされるものか疑われます。家計の借り入れが膨らんでいるか、投機目的の借り入れかの可能性が高いです。いずれにせよこれはどこかで返せなくなるということです。国と違って民間人は借金を返さなければならないので、そのときには経済危機がやってきます。

今見た日本のバブル時代もその側面が強かったと思いますが、アメリカでも、1990年代のクリントン政権期の財政黒字化がそうでした。このとき民間では借り入れ超過が進行し、しまいにバブル崩壊して経済危機になったのです。

次ページ図表4－6を見てください。上部の薄アミの折れ線が、民間の貯蓄超過の推移、下部の濃アミの折れ線が財政収支の推移ですが(それぞれGDP比)、アメリカでも両者はきれいに鏡像の推移をしています。そして長年、民間は貯蓄超過、政府は財政赤字だったのです。それがクリントン政権のとき、財政が異例の黒字化をしたのですが、その裏では民間の異例の借り入れ超過が進行していたことがわかります。そしてそれが行き着いたときが2000年のいわゆるITバブル崩壊で、そのあと急速に民間の借り入れが縮小して、財政は赤字に戻っていることがわかります。

近年の日本のように、成熟先進国で設備投資が停滞していることは、労働人口が成長せず、固定資本の蓄積がもう十分に進んでしまっていることの自然な帰結です。ということ

図表４-６　アメリカの民間貯蓄超過と政府財政収支の推移

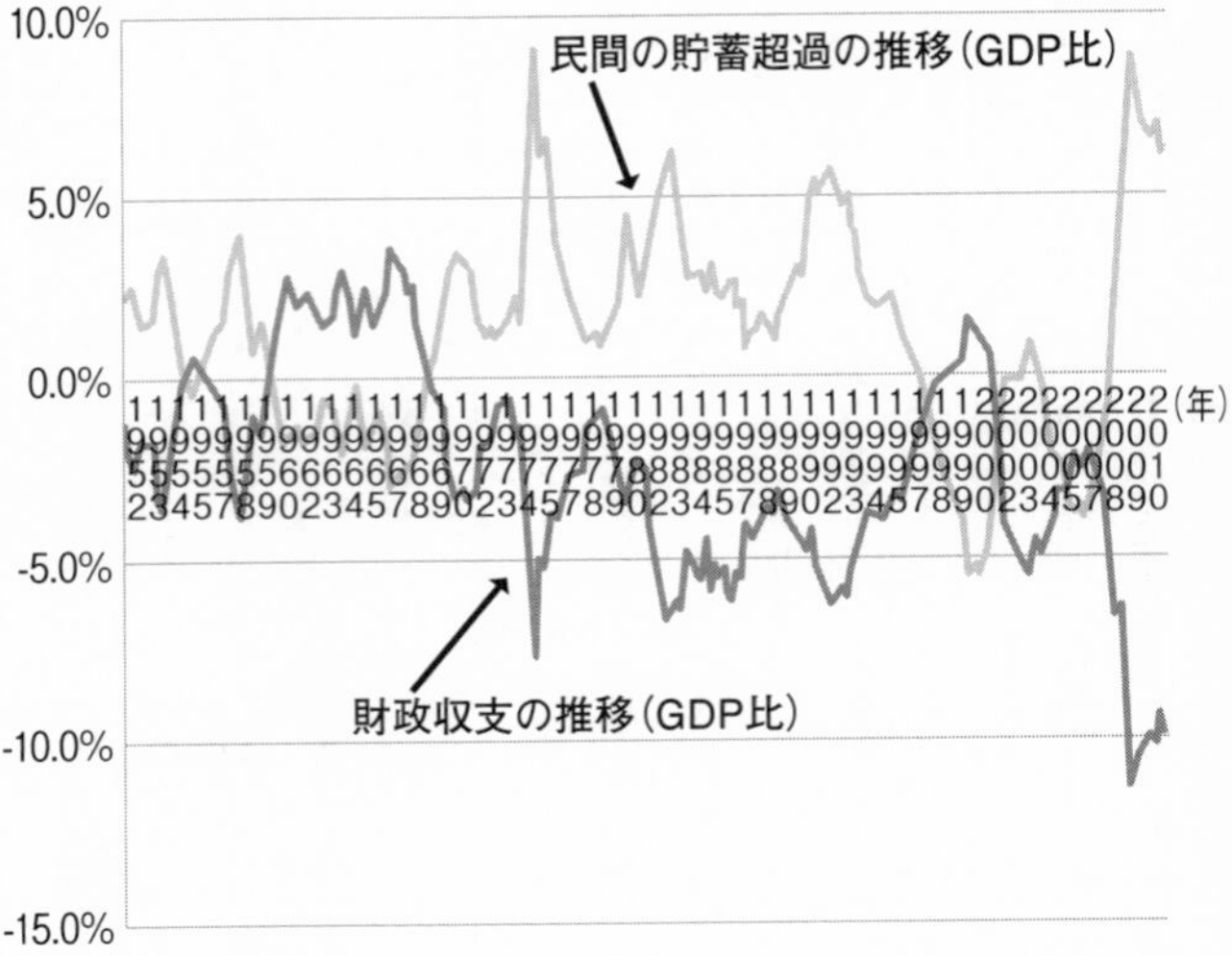

https://snbchf.com/swissgold/gold/gold-price-low-2000/
グラフ中にあった説明書きは引用者が削除した

は、民間は貯蓄超過になることが自然なのです。それはすなわち政府財政は赤字になるのが当然ということを意味します。それなのに、むりやり財政を均衡させようとして、増税や財政削減をするとどうなるでしょうか。

　政府の借り（財政赤字）＝民間の貸し（貯蓄超過）ですから、財政赤字がゼロになるということは、民間の貯蓄超過が解消されるということです。でも設備投資は長期傾向的に停滞せざるを得ないわけですから、これは、設備投資が増えて解消されるのではなく（バブルでなければ）、貯蓄のほうが減ることで解消されることを意味します。つまり、企業の利潤や労働者の賃金などの国全体の所得が減って、貯蓄が減ることで、貯蓄超過が解消されるということです。

これは大不況になるということです。たくさんの倒産や失業者が出ます。だから**今日では財政均衡を目指してはならないのです。財政赤字を気にせずに、働きたい者全員にまっとうな雇用が実現できるまで、無からおカネを作って政府支出をつぎこめばいいのです。**

民間も政府も「貸し」のドイツがやったこと

ところで、ここで補足です。さきほど、世の中を「政府」と「民間」にまとめて考えると言ったとき、そのほかに「外国」もあるが省略すると言いました。日本やアメリカの場合はグラフで見たとおり、これまでのところ、ほとんど政府と民間で貸し借りが対称になっていて、この二者だけでおおまかな話はすむのですが、外国も考慮に入れた場合、今までの話に大きな変更が出るようなケースはあるのでしょうか。

もし外国が借りてくれるのならば、民間が貯蓄超過で貸し手、政府も財政黒字で貸し手ということはあり得ます。成熟先進国で設備投資が停滞していても、財政が黒字を出せるわけです。

実は、これこそがEU成立後のドイツで成立した図式でした。ドイツも日本に負けず劣らず少子高齢化が進んで設備投資が停滞するのが当たり前の国なのですが、だったら民間は貯蓄超過になってしまうのに、「健全財政」を敷いて、財政赤字を出さずにどうして大不況にならずにすんでいたのでしょうか。それを可能にしたのが、EU統合した欧州諸国、特に南欧に対する貿易黒字だったわけです。

為替相場が動くならば、一方的に輸入する国は通貨が安くなるので自動的に国際競争力がついて国内産業が守られるのですが、共通通貨ユーロになってしまってそのメカニズムが働かないので、南欧の国々はドイツ製品に負けて売るものがなくなってしまいます。そのままではおカネがなくてドイツ製品を買ってくれません。だから、ドイツなどの銀行が南欧の人たちにおカネをどんどん貸し付け、ギリシャでは政府にも貸し付け、それでドイツは輸出で繁栄できたのです。

外国が借り入れ超過になっている。これが、民間も政府も「貸し」が超過していたのにドイツ経済が成り立ったからくりでした。でも南欧の人たちはいつまでも借り入れを膨らませるわけにはいきません。ギリシャ政府もユーロに入った以上はおカネを作って返すわけにはいかないので、借り入れを膨らませるわけにはいきません。どこかでお手上げになって債務危機が発生して全構造が破綻するのは当然の帰結でした。それを、ギリシャに緊縮政策を押し付けて経済破綻させて人々を困窮に叩き込んで、自分たちがさんざんもうかったつけを払わせたのがドイツ政府のやり口だったわけです。

VI　完全雇用下では設備投資財部門を縮小させる税制

税金とは課税先で労働を浮かせるためにある

さて、現代日本では人口減少で設備投資が停滞するのは当然だから、完全雇用が実現するまでは、税収よりも多い政府支出をどんどんとしないと正常な再生産が成り立たないという話をしたわけですが、いざ完全雇用になったならば、政府支出でおカネを注ぎ続けるとインフレがひどくなってしまいます。すると税金をたくさんとって総需要を国の供給能力の範囲内に抑えなければならなくなります。ではそのためにはどんな税制にすればいいのでしょうか。

インフレが悪化しないようにするということは、政府支出しても人手不足がひどくならないように労働需要をちょうどいい水準に維持するということです。つまり、**政府支出によって発生する労働需要の分をちょうど埋め合わせるだけの労働を、税金をかけなかった**

場合と比べてどこかで浮かせる。これが税金をかけることのねらいとなります。

例えば、一般に「消費税を増税してそれを財源にして介護事業に政府支出する」という「見かけ」で理解されている事態を、経済的本質に「翻訳」するとこうなります。

消費税を増税して消費財への需要を減らし、消費財の生産を減らせば、その生産に直接間接に従事する労働が浮く。その分、介護事業への政府支出によって直接間接に必要になる労働を作り出すことができる。

これは浮いた労働者本人が直接まわるということもあるかもしれませんが、消費財産業で需要が減った結果、退職者が補充されず、他方で介護産業で新人が雇われるということかもしれません。浮いた労働者が別の第三の産業にまわり、そこから別の人が介護産業に移るというような「玉突き」的な移動かもしれません。いずれにせよ、総計で見て、この課税によって労働の移動がなされるということです。

消費税を増税するということは、だから、消費財を作ったり流通させたり販売したりする部門を抑制するという政策なのです。これでいいかどうかは世論が判断することですが、私は、消費需要が過剰に拡大しているというようなことがないかぎり、人々の生活を直接担う部門を抑制することには反対です。

設備投資財部門を抑制するために法人税増税

ではどの部門を抑制すればいいのでしょうか。

そもそも今問題になっているのは、完全雇用になったあと、完全雇用の生産力を超えて総需要が増えるのをどう抑えるかということです。労働力人口は増えないのですから、経済全体としては、機械や工場を増やしても張り付ける人手がないので仕方ありません。ですが、完全雇用になるほど景気がいい状態では、マクロ的には不合理でも、個々の企業にとっては設備投資需要を拡大することが合理的経営判断になりがちです。こういうときには**生産手段の成長率が労働力の成長率にあわせてゼロになるように、設備投資需要を公の力で抑制すること**が経済全体にとって合理的になります。これは、課税しなかった場合と比べて、設備投資財の生産に直接間接に従事する労働を浮かせて、その分が政府支出先で必要になる労働にまわるということを意味します。

私は同僚の橋本貴彦教授と一緒に、「家計消費」「政府消費」等々の最終需要項目ごとの純生産物の直接間接の生産のために、総労働のどれだけの割合がそれぞれ割かれているのかを計測する研究をしました。その結果、「民間固定資本形成」つまり民間企業の設備投資財を生産するための直接間接の労働の配分割合が、高度成長末期の1970年から研究時点直近の2005年までの間、ずっとほぼ2割で不変であるということを見出しました。同じことを国際比較すると、先進国として成熟するほど、この割合は小さくなり、日本は経済発展の段階から見て多すぎることがわかりました。

それゆえこのような時期には、法人税をもっと高くして、設備投資を抑制することが必要になります。

なおこのように言うと、法人税を上げると節税のために設備投資を増やすのではないかとの疑問をくださるかたがいらっしゃいます。それは、設備投資が損金扱いされるとの誤解によるものと思います。設備投資は、据え付けられて稼働したあとで、減価償却費として、それを使って生産した製品のためのコストに計上されます。それを設備投資時点で費用にすると二重計上になりますので、その時点では損金扱いされません。一部、特定の種類の設備投資を促進する政策目的で、特別の控除が認められる制度がありますが、それは特例で、設備投資を抑制することが政策課題になるときには、原則として廃止されるべきものです。

法人税だけでは足りなければ、金利の引き上げなど、いろいろな金融引き締め手段で、民間企業向けの信用創造を抑制すれば、労働人口が成長しないこととつじつまがあうように設備投資を抑えることはできるでしょう。

物品税や累進性強化

そのほかに労働配分を抑えていいものを考えると、例えば、ぜいたく品（サービス）への労働配分を減らすために、物品税をかけたり、所得税の累進性を強化したりすることが思いつきます。二酸化炭素排出が多い産業への労働配分を減らすために炭素税をかけることも検討すべきでしょう。リニア、カジノ、万博……は、「予算の無駄遣い」だからというよりは、本当は「労働配分の無駄遣い」だからやめるべきだと言うべきでしょう。

なお、一旦完全雇用が達成されたあとで、産業間の労働配分を移動させることは、なかなかスムーズにはいきません。失業がたくさんあって、その雇用を拡大させていく段階ですでに、拡大すべき部門の雇用が拡大し、そうでない部門の雇用は拡大しないように、完全雇用達成後にあるべき労働配分を見据えた政府支出拡大策をとるべきでしょう。

VII　設備投資の公共的コントロール

歯止めとしてのインフレ目標

このように言っても、まだご心配はあると思います。

増税には政治的コストがつきものですから、政府にとってはしないほうが楽です。インフレ率が上昇してきても、まだまだいいだろうと先延ばしにしがちです。国債の利息も払いたくないですから、金利が低い状態なり、日銀が直接国債を買ってくれる状態なりを一旦始めるとやめたくないのです。政府が増税に腰を上げたとしても、国会で増税法案を通すにも時間がかかります。

そうこうしているうちに、インフレ率が、手がつけられないくらい上昇してしまうというおそれはないのでしょうか。

それゆえまず、インフレ率はここを大きく超えてはならないという「歯止め」が必要です。それは選挙のときの争点にして、この歯止めのインフレ率を変更しようというときには民意を問わなければならないようにすべきだと思います。私は一応これまでの歴史を引き継いで、これを「インフレ目標」と呼ぶことが多いですが、下からあえて到達を目指す現行の「インフレ目標」と区別するには、「物価安定目標」などの言い方のほうがいいという指摘もあります。

設備投資補助金や一律給付金で調節

そのうえで、インフレの状況に合わせたスムーズな調整ができるしくみが必要です。

私がこれまで講演や著書で何度か提案してきたのは次のような方法です。

人々のために潤沢に政府支出しましょう。福祉や医療や教育や子育て支援、防災、グリーンニューディールなどに政府がたくさんおカネを使う体制を作るのです。しかし、景気がよくて完全雇用になったときに、巨額の支出のためにインフレがひどくならないよう、そのときにも十分な総需要抑制効果を持つような、高い法人税や累進性の強い所得税の税制を作っておきます。

そうすると、そこまで景気がよくないときには、こんな税制で税金をとったままなら不況がひどくなってしまい、失業が発生します。そこで、政府・中央銀行がおカネを作って、一律給付金や設備投資補助金を支給し、インフレに合わせて縮小・停止することにします。

つまり、まだデフレなどでインフレ目標に達していない不況のあいだは、企業にとっては、高い法人税をとられるだけになるよりは設備投資補助金をもらって設備投資したほうがましなので、設備投資需要が興ってきます。長い目で見て設備の拡張はできない時代でも、古くなった設備を更新する投資は必要ですから、不況のときにはたくさんそれをしてもらって、総需要を拡大したほうがいいです。

また、強度な累進課税がされている一方で、全員に一律の補助金を出すことは、おカネ持ちから低所得の人に所得を再分配することと同じになりますので、おカネ持ちの手元では消費にまわらなかった所得が、低所得の人々のもとで消費にまわることになり、消費需要も興ってきます。

そのほかに、地方交付税の特別会計の発行する国債を日銀が買うことで資金を用意して、使途を自治体に任せた交付金を出すという方法もあります。

しかし、景気がよくなってインフレ率が高まるにつれて、この設備投資補助金や一律給付金や交付金は縮小していきます。具体的方法は適宜詰めてほしいところですが、あくまでイメージとして言うと、毎月募集する設備投資補助金の採択件数をしぼるとか、金額を減らして募集するとかです。そうすると、だんだん重い税制の効果が上回って事実上増税の効果が出てきます。やがてインフレ目標を超えたら、設備投資補助金や一律給付金を停止して、重い税制の効果がそのまま表れるようにします。すると総需要が冷やされてインフレは抑えられます。

もともと累進課税や法人税には、「ビルトイン・スタビライザー（景気の自動安定化装置）」の効果があります。景気がよくなって所得が高まれば所得税率が高まって自動的に増税になって景気を冷やします。法人税も、不況で利益が出なければ課税されませんので、景気がよくなったら課税される企業が増えて全体として増税効果が出ます。ですから、所得税の累進性が強く、法人税率の高い税制をとれば、それだけでも景気がよくなったときに自動的に冷やす効果が働くのですが、それに加えて右記の補助金や給付金による調整が働きますので、容易に景気を調整できます。

実質金利による調整

そのうえに、これを言うとMMTの人からは嫌われるのですが、日銀が金利を上げ下げする政策が加わるので、ますます調整ができます。

デフレ不況のときの設備投資補助金や給付金のおカネを作るのは、民間銀行に国債を買わせる方式ではないほうがいいでしょう。世間では、そんなことをすると、将来おカネを返さなければならないと心配する人がいなくなることはないでしょうし。それに、将来国債の期限がきたとき、政府がおカネを返す可能性はゼロでないので、もしそうなれば世の中に出回るおカネが減ってしまって、その時点ではまだインフレ目標に到達していなくても景気にマイナスの圧力がかかるおそれがあります。期限がきた国債を借り換えするときに、金利を上げないとそれに応じてくれないかもしれません。そうすると世の中の金利が上がって、やっぱりまだインフレ目標に到達していなくても景気にマイナスの圧力がかかります。それが予想されるなら、現時点で企業が設備投資しようという意欲がその分くじかれるかもしれません。

民間銀行に国債ではなくて準備預金を持たせる方式ならば、あるいはいっそのこと家計や企業に直接政府がおカネを振り込む方式ならば、この問題はありません。本来はせめて、国債を日銀が直接買う方法でやってほしいところですが、当面ダメならば、民間銀行に買わせた国債を日銀が買って準備預金に換えるのでもかまいません。こうした場合は、将来インフレ目標に達する前に世の中からおカネが吸収されてしまう可能性はありません。金利も超低いままと見込まれます。そういう状況下でインフレ目標に達するまで設備投資補助金や給付金を出し続けることが確信できますから、企業は、将来は「歯止め」のインフレ率が実現するだろうと、はっきりと予想できます。

そうすると、名目金利も超低くて、将来物価も上がるとなれば、実質金利がとても低くなります。たぶんマイナスです。つまり、借金して設備投資すると、将来製品の売値が上がるので、返すのが楽になるということです。それで、設備投資補助金の効果に加えて、設備投資が興ってくる効果がダブルで働くというわけです。

これとつじつまを合わせるためには、最低賃金・生活保護給付・基礎的な年金・診療報酬単価・介護報酬単価などを、インフレ目標＋αの率で必ず上昇させていくスケジュールを公定することが必要でしょう。そうしないと物価の上昇予想だけであれば消費が抑制されてしまいます。最低賃金が当面払えない中小企業には、日銀マネーを原資に政策銀行から差額を融資するのがいいでしょう。

他方、景気が過熱してインフレが進みそうな局面では、日銀は国債を受け入れるのをやめるなど、金利が上がるようにして、おカネを借りにくくして設備投資需要を減らします。不労所得が増えるのが心配なら利子課税すればいいです。設備投資にとってコストになりさえすればいいのですから。また、バブルが進むのを止めるためには、本当に住んでいる住宅のケースには配慮しつつ、保有資産の一定率以上の値上がり分に課税するようにすればいいです。売らなくても、持っているだけで課税するわけです。そのほかいろいろな手をつくして、**私的信用創造を抑制する**ことがこうした局面で必要になることです。

設備投資補助金を通じて設備投資を社会化する

さて、不況時のこの設備投資補助金というのは、単に総需要を引き上げようというだけの話なのではありません。この補助金の出し方をコントロールすることで、**社会にとって必要な部門の設備投資を既存生産能力の更新以上に促し、そうでない部門の設備投資を更新分よりも抑えれば、経済全体での部門間で生産の再編成ができます。**つまり、介護、子育て支援、代替エネルギーなど、社会が必要とするところに設備投資を促すことができるというわけです。**欧米レフト3・0勢力が共通して掲げる「グリーンニューディール」**

は、**こうした産業構造の転換を目指すものです。**

そのほかこの補助金は、環境や労働条件などの基準を守らせるのにも使えます。協同組合的な民主的事業形態を促進するのにも使えます。

すなわち、これまでのおカネの作り方のシステムである私的信用創造制度は、民間銀行が私的利潤のためにおカネを作るシステムでした。それは、民間企業の旺盛な拡張的設備投資に応じるためには合理的なシステムだったと言えます。しかしそれは、経済全体では生産設備が長期的に拡大できない現代では、時代に合わなくなり、バブルを生み出す弊害の多いシステムになってしまったわけです。

それゆえ現代では、おカネを作るシステムを転換させなければならないのです。私銀行と私企業が私的利潤のためにおカネを作るシステムから、**民意に基づく公共的目的のために、民主的に選ばれた政府機関がおカネを作るシステムへの転換です。**人々みんなの暮らしに大きな影響を与えるおカネというものは、人々みんなによってコントロールされなければならないのです。

つまり、私たちにとっての課題は、私的信用創造によって私的になされる設備投資を、いかに労働力人口成長の範囲内に抑え込むか、そしていかに、社会にとって必要なところに設備投資を誘導するかということです。政府が民意に基づいておカネを作ったり吸収したりすることは、そのひとつの重要な手段となります。そのことは、どんな生産手段が、どこに、どれだけあって、どのように利用されるのかということを、私的排他的決定に委ね切るのではなく、民主的公共的にコントロールする性格を強めていくことを意味します。それは、投資の社会化を進めるということであり、生産手段の共有の性格を強めていくことです。

要するにこれは、**資本主義的経済システムを乗り越えて、社会主義的な社会システムに変革をしていく道に乗り出す**ということを意味します。

第五章　庶民がコントロールを取り戻すために

I　マルクス主義の諸概念を疎外論から解き直す

フォイエルバッハやマルクスの「疎外」

さて、この本では、「生きているだけで価値がある」生身の具体的個人を主人公にして、制度や決まり事などの社会的なことが、その主人公にはコントロールできなくなって独り歩きする事態を批判してきました。制度や決まり事等々は、人間の頭の中にある理性や思い込みや予想にすぎないはずなのに、あたかも確固たる実体のある客観物のように思い込まれるのです。一旦こんなことになると、ツールであったはずの制度や決まり事などの社会的なことが自己目的化し、生身の個人を手段化して踏みにじってきます。

このような事態を「疎外」と呼んで批判したのが、フォイエルバッハやマルクスの「疎外論」だというのが私の解釈です。ソ連共産党の「正統」解釈では、疎外論はマルクスの若いころの世迷言で、自分の考えが確立してからは、フォイエルバッハと決別して疎外論を捨て去ったということになっていました。

私が、『「はだかの王様」の経済学』とか、『自由のジレンマを解く』とか、もっと学術的なものでは『近代の復権』などで論じたのは、この見方は若い頃にとどまらず、円熟期のマルクスにも一貫している見方だということです。例えば主著『資本論』が言いたいことは、「貨幣」というものは、布を織るだとか旋盤でネジを切るだとかいった具体的な労働をする、顔のある生身の個人のコントロールを離れて、具体性を捨てた匿名の抽象的な労働一般の評価が独り歩きして、「おまえの社会的貢献はこのくらいだ」と、人間様に向かって一方的に言ってくるものだということです。そして、あたかもそれ自体が何にでも交換できる物的な力を内在したもののように観念されて、それを持つことが自己目的化するのだということです。そしてそれがしまいに労働者を手段に使って、自己目的的に拡大するようになったのが「資本」だというわけです。右記の疎外論の図式がきれいにあてはまっていることがわかるでしょう。

典型的な「支配階級」のイメージは？

私は、マルクス主義のいろいろな典型的な概念、「支配階級」とか「搾取」とか「私的生産」とか「生産手段の所有」とかを、こうした見方からすべて読み直すことを提唱しています。

例えば、我々の「敵」である典型的な支配階級ってどんなイメージですか。ひとつの極端なイメージは、経営のことに全然タッチせず、全く働かずに配当で優雅に暮らしているオーナーです。でも会社の運営は労働者たちの民主的自治にまかされている。それに対して逆の極端なイメージは、ワンマン経営者で、勝手に物事をドシドシ決めて押し付けてくる人。**労働者は現場をコントロールできず言いなりになって動くだけ。**でもそのワンマンは清貧で毎日のおかずはメザシだけ。どっちが嫌ですか。こうなったとき、支配階級の典型は後者だというのが私の解釈になります。

つまり、生身の個々人の都合でコントロールできないところで、社会的なことを勝手に決めて、生身の個々人をそのための手段扱いして押し付けてくることへの批判の図式というわけです。だから、前述の疎外論の図式になっているわけです。本書で見た、今日世界中で反逆に乗り出した大衆が怨嗟を向けている、一部のエリートの支配こそ、この図式にあてはまります。

典型的な「搾取」のイメージは?

では典型的な搾取のイメージはどんなものでしょうか。ひとつの極端なイメージは、支配階級がたくさんの不労所得を飲めや歌えの大騒ぎで私的に享楽する。酒池肉林のパーティを開くイメージですね。それに対して逆の極端なイメージは、設備投資をするということです。従業者がだれも承知していない設備投資をする。資本蓄積ですね。これが自己目的化する。資本蓄積とは、機械を買う、工場を建てる、生産手段が勝手にふくらんでいくことです。そのために**貢献した労働者たちのコントロールを離れて、自己目的化して勝手にふくらんでいく**。資本家も利潤を私的消費にまわさずに資本蓄積にまわすわけです。こうなったとき、搾取の典型は後者だというのが私の解釈になります。

まあ、そうはいっても、人が一生懸命働いてやっと生きているのに、不労所得で酒池肉林のパーティとかケシカランという気持ちはわかります。それは要するにおカネの力で、社会的な総労働のうちのある割合が、酒池肉林のパーティのような、おカネ持ちしか享受できないようなぜいたくな財・サービスの生産のために割かれてしまうという問題でしょう。完全雇用の場合、もしその割合の労働を薬の生産とか医療サービスにまわせば、何人かの子どもの命が助かったかもしれない。その意味で、**人々のコントロールできないところで、社会的総労働の配分が勝手に決まって人々に影響を与えてしまう**のがケシカランということで、やっぱりこちらも**疎外論の問題意識**として解釈できます。

「私的生産」とはどういう意味か

それから、商品生産社会だったらなぜよくないのか。商品生産社会では私的に生産していています、と言ったときの「私的」とはなんでしょうか。これまでの解釈は、「自分の利己的な利益のため」が、ニュアンスとして強かったと思います。それに対して私の解釈は、「排他的判断」ということです。ほかから情報が得られない、自分の排他的な見込みの判断です。

商品生産社会においては私的な生産が行われて、そのためにいろいろ変なことが起きるというのは、どういうことかというと、これまでの解釈では、各自が自分の利益のことばかり考えて、他人の利益は考えずに手段化する。だから変なことが起きるとなります。それに対して私の解釈では、その人はもしかしたら善意の人かもしれないけれど、商品生産社会の世の中では、何が人々に必要かはわかりません。そういう中で、私的な見込みの判断をせざるを得ないので、必要よりもたくさん作りすぎたり、逆に必要な量よりも少ない生産しかできなかったりします。結局、事後的に交換によって調整せざるを得なくなって、**自分のコントロールできない市場メカニズムにふりまわされる**ということです。善意であるか、自己利益のためであるかということとは直接関係ありません。

「所有」とは剰余請求権かコントロール権か

以上のことをふまえると、「所有」という意味はどうとらえられるでしょうか。一般にマルクス主義では、支配階級がなぜ支配階級であるかというと、主要な生産手段を私的に所有しているからだと言われています。搾取とはそれを根拠になされるとされます。そうすると、不労所得の享楽を「搾取」の典型とみなし、それで暮らす有閑階級を支配階級の典型とイメージする見方では、「剰余請求権」が所有の意味となります。

例えば江戸時代の武士は殿様から知行地として村をもらいましたが、実際に現地にでかけることなどなく、毎日城下町でお城の事務などをして暮らします。日頃の村の運営は庄屋などの現地の農民が自治的にやっているわけですし、いざとなったときの弾圧とかに行くのもその役目の藩の役人です。普通の武士は知行地から上がる年貢の請求権があるというだけです。年貢も領主に対して納められて、その知行地からえられた量とされる量のコメが、食べる分だけ現物で、残りは商人によってあらかじめ換金された中からおカネで払われます。この知行地が「所有」の典型というのが一つの見方です。

それに対して、私の解釈では、**所有とはコントロールの権利ということになります。**私の大学院の師匠の置塩《おきしお》信雄は遅くともすでに1970年代から、生産関係の本質を、「誰が生産についての基本的な決定を握っているか」に見ていて、生産手段の所有もそれに規定されたものとみなしています。

すなわち、生産手段の運用のしかたを、他者の口出しなく、排他的に決定すること。これが、「生産手段の私有」の実体的意味だということになります。だから、株をほとんどもたないサラリーマン経営者も、学校法人のサラリーマン理事長も、ソ連の独裁政党の最高幹部たちも、法制度的には配下の事業体を所有などしていないかもしれませんが、一部の者が**排他的意思決定でコントロールしているかぎり、事実としては**（集団的にかもしれませんが）**私的に所有しているということになります。**

ローマーの「市場社会主義」モデル

さて、現実の資本主義経済システムの何がよくないのかということについて、以上のような問題意識の違いがあるとすると、それを解決する社会主義的な志向にどのような違いがでてくるでしょうか。

ソ連や東欧がくずれたあと、想定できる近未来に市場システムそのものをなくしてしまうことは現実問題としてできないということは、おおかた共有された認識だと思いますが、剰余請求権を「所有」とみなす立場からは、ジョン・ローマーさんが唱えたタイプの「市場社会主義」が導かれます。これは、社会成員みんなが株主になります。企業を全部国有化して、その株をみんなが平等に持つのです。

具体的には、株だけ買うことができるクーポンを出します。株の売り買いはクーポンを使ってやります。そのクーポンをみんなに平等に配分します。そのクーポンを使ってどの株を買うかは、株主の才覚に任されている。

それで、各企業は株をクーポンで売って、それで資金調達をする。各企業は経営者がいて、独断で経営していて、労働者を賃金で雇い働かせる。その意味では資本主義と全然変わらないようだけれど、なにが違うかというと、配当が基本的に平等である点です。もちろん、株式運用のうまい、下手によって差は出ますが、基本的に株を買うことのできるクーポンは平等に分配しますから、利潤分配もおおむね平等になされるというわけです。

だから一種のベーシックインカムみたいなかたちで、世の中全体の利潤が平等に分配されます。不労所得で食べている人と働いて暮らす人との間に階級の違いを見る人からすれば、支配階級と被支配階級の分裂はなくなっていることになり、彼らの意味での「搾取」もないことになります。しかし、各企業では経営者がいて、排他的意思決定で経営していて、労働者が自分たちの働き方をコントロールできないという点では、資本主義と変わらないモデルです。

企業運営とマクロな設備投資のコントロール

それに対して、私の解釈に立つならば、**生身の個々人のもとに経済のコントロールを取り戻すのが社会主義だ**ということになります。まず企業は労働者自主管理。労働者協同組合のイメージですね。あるいは利用者や、場合によっては地域住民もメンバーに含めた協同組合です。労働者が自分たちの労働のしかたを、必要ならば利用者や地域住民も含めて合意でコントロールする。それが社会主義のイメージのコアになります。

でもそれだけでは終わりません。生産手段の蓄積をどうするか。たとえ企業内部では労働者の間で完璧に合意した設備投資でも、社会全体から見たら本来反対する人のほうが多いしろものかもしれません。例えば、社会のニーズがもうこれ以上ない部門でなおも生産能力を拡張しようとしているかもしれません。たくさんの企業がいっせいに設備投資することで、総需要が経済全体の供給能力を超えて高まり、物価が上がってしまうかもしれません。物価が上がったら人々の実質所得は目減りして、設備投資しなかった企業の労働者は、設備投資した企業の労働者に意図せずして搾取されてしまうことになります（実際、労働者自主管理企業制度がとられた旧ユーゴスラビアでは、設備投資に歯止めがなくなり、インフレが止まらなくなりました）。

だから、社会全体で信用を集中して、生身の個々人みんなの事情にマッチするように、社会全体の設備投資をコントロールする必要があります。**ミクロな各企業運営のレベル、マクロな経済全体での生産配分のレベルの双方で、民意を反映した民主的コントロールが必要**になるのです。

Ⅱ　資本主義的経済システムを変えていく道のり

さて、でもそれが将来目指すところだとしても、今すぐこれが実現できるかというと、いろいろ難しいですね。

資本側が決定する段階で責任をとらせる

だいいち、労働者がみんな、四六時中作業せずに会議ばっかりしているわけにはいきません。そうしたら結局、たまの会議で分厚い資料を渡されて、わけのわからない説明を聞かされて、何かわからないけど賛成の手を上げるということになってしまいがちです。すると、往々にして、実質的にはワンマンの経営者が決めておきながら、形式的に「民主的」合意があるばかりに、何かあったときには全員の責任になってしまうことになります。本当に決めている者は責任を免れ、ヒラのメンバーが犠牲となってしまうという構図が当たり前になったら、経営者はリスクのあることでもし放題になります。

あるいは、企業の中の労働者が異質な専門職に分かれているとき、ある専門職だけ情報がわかるというリスクがお互いある中で、互いに専門家の言うことを信じて、妥協しあって何か新しい事業決定をした結果、失敗してしまったらどうなるでしょうか。往々にして失敗の責任が確定できず、損をみんなでかぶらなければならなくなります。それでは怖くて新しい事業に手を出すことができなくなります。

こんなときには、誰か出資する人が出て、失敗したときの損は全部自分がかぶる、従業員にも利用者にも不便・不都合は一切かけない、何かあったら全部補償すると言って、決定を独占したならば、そっちのほうがよほどいいということになります。

自己決定は自己目的ではありません。あくまで**主人公は本能とメンタルをまとった個々の生身の身体**です。そのニーズを快適に満たすのが目的でなければなりません。頭で自己決定することにこだわったがためにかえってそのニーズが損なわれることになったら本末転倒です。

たしかに、現場を知らない天上のエリートの決定は、リスクにかかわる現場の情報を把握しようとしないし、もともと把握しようもない高みでなされるからこそ、その結果生身の個々人に犠牲を強いることになりがちです。そしてそうなっても自腹で責任をとりません。だからこそいくらでもリスクのある決定に手を出してしまうのです。でも、リスクと決定と責任が本当に一致して、決定者がすべての責任を一身にかぶって、他の人々に何の損も及ぼさないならば、人々は喜んでその人に決定を委ねるでしょう。

まだ労働者や利用者の間の合意形成の技術が発展しない間は、資本主義的に経営者が決定権を握るのもしかたないと言えます。しかし、実際には、経営判断を間違ったとき、労働者にも利用者にも迷惑をかけないというわけにはいきません。損失が大きければ、賃下げになるし、クビも切られます。倒産したら最後は路頭に迷ってしまいます。それどころか、まだ損も出てないのに最初から賃金を抑えたり過重な労働を押し付けたり等々と、労働者に犠牲を強いてきます。だから、労働運動や消費者運動などが存在しなければなりません。決定を経営側が握るのならば、**労働者や利用者に犠牲を強いることを許さず、何があってもきっちり経営側に責任をとらせる**ために闘うことが必要になります。

マクロな取り組みがミクロな変革促進へ

私たちは当分の間、ミクロでは、労働者や利用者などが主権を持つ事業体ができて発展してはしばしば変質し、衰退し、またやり直しということを繰り返すことになるでしょう。あるいは資本主義企業や学校法人や財団その他の事業体でも、労働運動や利用者や住民の運動の進展によって、現場の労働者や利用者や住民の運営コントロールが、発展してはやはりしばしば変質したり後退したりして、またやり直すことを繰り返すでしょう。

他方マクロでは、本書第四章で提案したように、私的信用創造によって設備投資がなされることがだんだんとマイナー化する一方で、公的に創出された資金で設備投資を社会的にコントロールできるように進めようということになります。

このマクロな変革は、ミクロな変革が長い目で見て進展していくために有利になる条件を作ります。公的に創出された資金で完全雇用を維持するように総需要を管理する政策がなければ、設備投資が停滞する時代、不況が基調になります。不況下では、労働者や利用者が管理する企業も競争で生き残るためにワンマン化・カルト化してしまいがちです。失業者がたくさんいると、資本主義企業では「お前の代わりなどいっぱいいる」という脅しが効いて、低賃金過重労働し放題になりますから、真面目に労働者の事情をふまえた合意で経営していたら太刀打ちできません。

逆に景気がよくなって人手不足になったら、資本主義企業は脅しが効かなくなり、従業者にモチベーションをもたせるために苦労するようになりますが、そのときこそ、従業者が何のために働くかを本人たちの自発的合意で決める事業形態に優位性が出てくることになります。この条件のもとでは、労働運動も闘いやすくなります。

もちろん、長時間の過重な労働がないように労働基準を強化すること、最低賃金を上げることも重要です。完全雇用政策に加えて、ベーシックインカムのようなものがあれば、脱サラして仲間と労働者協同組合事業を立ち上げるときに、失敗のリスクを恐れなくてすむようになります。そのような人生のオプションが魅力的な実例としてあれば、資本側にも労働者が辞めないように気を遣うプレッシャーがかかるでしょう。

生産のネットワークで市場変動を克服

一人一人のコントロールのできないところで市場変動が暴れまわり、個々人を振り回すことを抑えていくには、マクロな総需要コントロールだけではなくて、ミクロな部面で、労働者や利用者が運営する事業体や、農家や、中小個人事業者や、労働運動、消費者運動などが、商品生産関係を乗り越えた連携のネットワークを組織していくことが必要です。これは私が、90年代からずっと説いているものです。

このとき大事なのは、前述したように、商品生産の何がいけないのかというときに、「各自が自分の利益のことばかり考える」というような「私」概念で批判するところに問題があるのではないかということです。

私がこれまで協同組合やNPOなどの取り組みを見てきた経験で往々にして感じるのは、お金儲けはいけません、拝金主義はいけません、利己的な利益のために私たちはやっているんじゃないんです、という道徳を掲げているところほど腐敗しているということです。私たちはお金のため、自分たちの利益のためにやっているんじゃない、みんなのためにやっているんです、といったことを掲げることで、メンバーがそれに束縛されて、いろいろブラックな働かせ方になっていく。その背後で、ワンマンみたいなのが自己利益をむさぼるという状態におちいるのはよくあるケースです。こうした腐敗・変質については、創成社の『市民参加のまちづくり』シリーズ、特に『戦略編』（2005年）で詳しく分析しています。講談社の拙著『新しい左翼入門』第3部でも解説していますので、関心のある人はご検討ください。

それに対して、先述したように、商品生産が人々のコントロールの効かないものになって人々を振り回してしまう原因としての「私的」というのは、「排他的な見込みの決定」という意味ととるべきだというのが私の理解です。だから、消費者・利用者からさまざまな段階の生産者まで、直接のつながりの中で、ニーズに基づいて生産するあり方を広げていくことが解決になります。最初は注文産直のようなものから始まって、だんだんと川上にひろげていくことが期待されます。ブロックチェーン技術の発展は、これを促進する条件になると思います。将来には、おカネではなく、直接労働時間を計上することでやりとりが組織できるようになるかもしれません。

このとき、**個々人のニーズが尊重されることは当然の前提**となります。ニーズというものは、**「生きているだけで価値がある」生身の個々人に内在しているもの**で、本人にすら意識として自覚できない可能性があります。ましてや他人には把握できません。それは試行錯誤を繰り返すことではじめて自覚されるものです。当然人によって違いますし、同じ人でも日によって、場合によっては時間によって違います。それを自覚し、伝えるには、社会的な手助けが必要な場合がしばしばあります。特に、介護や自立支援、保育などの部面ではそうです。

商品生産の何がいけないのかというときに、「各自が自分の利益のことばかり考える」という点に焦点を置くと、それを乗り越えるための方策として、官僚が決めた基本財の現物支給といった発想に至りがちだと思います。しかしそれは、生身の個々人のコントロールできないところで、自分たちに欠かせないものの決定がされるという意味で、商品交換よりも後退だと思います。

なお、地域レベルでは、協同組合的な金融はこれからも必要ですし、むしろ右記のネットワークと結びついて、協同組合的な内実を深めることで発展していくべきでしょう（リスクの高い画期的新事業については、当面民間銀行の信用創造の対象として残しつつ、個人がリスクを引き受けて直接出資する方向に向かうよう、信頼できる仲介システムの構築を図るべきでしょう）。

マルクスの唯物史観から見た「今」の位置

マルクスの唯物史観が言うには、政治や法律や慣習のシステムである「上部構造」

は、本当は人々が生産や生活を営んでいる「土台」をうまく展開させる都合のためにあるのですが、あたかもそれ自体に根拠があるような顔をして、「土台」から独り立ちします。「土台」がだんだんと新しいものに変わっていっても、なかなかそれを反映せずに、もとのままでいつづけます。「土台」の変化が十分に進行したところで、古い上部構造との矛盾に耐えられなくなって、新しい「土台」にもっとマッチした上部構造に取り替えられることになります。

例えば、ヨーロッパの中世の終わりころから、領主が農民を支配する封建的な「土台」の中で、新たに、商工業に従事する実業家（ブルジョワジー）の担う経済が生まれてきて、だんだんと発展していきます。でも国王や領主が身分で支配する上部構造は変わりません。しかしブルジョワジーの経済が十分にメジャーなものにまで「土台」が変化すると、古い上部構造では間に合わなくなり、市民革命でそれが打ち倒されて、近代立憲制の上部構造に取り替えられました。

あるいはマルクスは知らなかった話ですが、日本の平安時代には、都の貴族が田舎の農民を支配する「土台」の中で、新たに現地の地主たる武士が経営する生産方法が生まれてきて、だんだんと発展していきます。でも都の公家が身分で支配する上部構造は変わりません。しかし武士の経済が十分にメジャーなものにまで「土台」が変化すると、古い上部構造では間に合わなくなり、源頼朝の旗揚げで武家政権の上部構造が作られました。

これになぞらえて言うと、今という時代は、封建的「土台」の中でブルジョワ経済が生まれたように、都の貴族が支配する「土台」の中で武士の地主経営が生まれたように、資本主義経済の「土台」の中で、次の時代を担う新しい経済システムが生まれ始めた時代にあたると思います。それが、労働者や利用者が運営する事業のネットワーク経済です。当面は、高齢化の条件のもとで、主に介護や保育などの労働集約的事業で発展して、他部門に広がっていくと思われます。

これが十分に発展したあとで、資本主義的な上部構造がくつがえされる変革が起こるのだと思います。それは何世代かあとのことになるでしょう。

しかし、現時点で政権をとることに意味がないわけではありません。たしかに今政権をとっても、資本主義経済体制に代わる次のシステムを法令で押し付けることは不可能でしょう。それは今日の先進国に標準的な、立憲的な代議制民主主義の体制を超えるものではないでしょう。しかし、「土台」の中での民衆の取り組みを促進するような制度や政策を作ることはできます。それはちょうど、16世紀の終わりにスペインからの独立革命で成立したオランダ共和国の政治体制の実態が、その当時の標準的体制の絶対王政を超えるものではなかったことと同様です。実態としては絶対王政同然だったとしても、スペインの絶対王政に支配されることと比べて、画期的にオランダのブルジョワ経済を発展させることに役立ったので、オランダのブルジョワジーにとっては独立してよかったわけです。それと同じことです。

Ⅲ　課税と再分配を個人主義的に正当化するイデオロギー

レフト1・0の再分配正当化は「収奪者を収奪せよ」

さてこのように、資本主義の経済システムを変革する道に乗り出すにしても、当面長い間は、資本主義の経済システムそのものはある程度メジャーなシステムとして残り続けると思われます。そうすると、資本主義の経済システムを前提したうえで、大企業や大金持ちに課税して、普通の庶民に再分配することは追求しないわけにはいきません。課税は経済的機能としては財源ではなく、インフレ抑制のためにあるのですが、イデオロギーとしてこのことをどう正当化するかということは、経済的本質論とは別に必要になることです。

その答えは、われわれの先輩であるレフト1・0にとっては簡単でした。要するに、「収奪者を収奪せよ」ということで、いともたやすく正当化できたのです。『資本論』に

「資本主義的私有の最期を告げる鐘が鳴る。収奪者が収奪される」という一文があるのの もじりですけどね。

要するに、富裕層や大企業の儲けは、そもそも労働者から搾取したものなのだから、税金をいっぱいかけて、取り戻そうということです。でも、この言い方では少々乱暴かもしれませんので、「闘争契約」という私の作った言葉で解釈してみましょう――。

労働者と資本家とのあいだには階級闘争があります。階級闘争の結果、社会主義国家を実現させ、生産手段を公有化して階級のない、資本家のいない社会をめざそうというのが、レフト1・0の思い描いていたことでした。ただ、彼らも社会主義国家が実現するにはしばらく時間がかかると思っていたのです。レフト1・0の急進的なマルクス＝レーニン主義者でさえ、すぐに革命を起こして一挙に社会主義国家へもっていこうというのはごくわずかで、大半はそれなりに時間がかかると考えていました。

では、社会主義国家が実現するまでの期間、彼らはどのような位置づけで政治活動を行おうとしていたのか。次のような「闘争契約」が彼らの中にはありました。

「資本家の側が民主主義的な手続きを尊重して、たとえば労働組合法などをきちんと守るのなら、われわれ労働者側も合法的に議会を通じて革命を行っていくけれど、もし、資本家が独裁体制のようなものを作って、労働者を弾圧したり、あるいは、労働者側が政権をとったあとにクーデターなどによって、民主的に作りあげられた体制をひっくり返すようなことをしたら、こちらも暴力革命を起こして、強引にすべての企業を国有化して資本家を追放し、一挙に社会主義へともっていく。

ただし、資本家の側が民主主義的な手続きを尊重し、法律を守っている限りにおいては、鉄道などの中心的産業は国有化するにしても、それ以外の企業については、しばらくはそのままでかまわない。そのかわり、累進課税や大企業への法人税などで資本家側からたっぷり税金を吸い上げて、そのおカネを福祉など労働者のために使う。このようにして、だんだん社会主義へ近づいていくつもりだ」

要するに、資本家たちが民主主義のルールを守っているあいだは、暴力革命を起こして資本家を追放するようなことはしないでやるから、そのかわり、高い法人税や累進課税によって富裕層や大企業からおカネをしっかり徴収しますよ、ということです。「このくらいにしといたろう」ということですね。これがレフト1・0の、特に社会民主主義者の発想だったと思います。今の日本の社民党がこんなことを言ったら、吉本の池乃めだかさん(自分がヤクザにボコボコにされながら、「このくらいにしといたろう」と言って去っていくのが持ちネタ)みたいになりますが。

このような発想を私は、闘争契約と名づけました。そして、この闘争契約の発想と「収奪者を収奪せよ」という基本的な考えを合体させることによって、レフト1・0は累進課税や法人税を合理化し、正当化していたのだと解釈しています。

「生まれる前はみんな天使だった」がバイブル

累進課税の強化や高い法人税を主張したのは、マルクス＝レーニン主義や社会民主主義といった社会主義的な人たちだけではありません。たとえば、アメリカのリベラル派たちも税制については同様の考えです。

「リベラル」という言葉については、少々説明を要するでしょう。リベラルにはいろんな意味があって、混乱のもとになるわけですが、ヨーロッパでのリベラルのイメージは、どちらかというと資本家寄りで、市場の競争を盛んにして、政府はできるだけ介入しないで、民間企業の自由に任せるべきといった考え方の人たちです。労働者の立場に立ったり、労働組合をやっていたりする人たちをリベラルということはあまりなく、どちらかというと資本家側の人たちを指します。

ところが、アメリカでリベラルといったら、大まかな言い方をすれば、民主党の人たちのことです。保守派ではない人たちであり、どちらかというと、市場の自由に任せるのではなくて、政府も介入して福祉国家をつくっていきますという、ヨーロッパの社会民主主義に近い存在が、アメリカでのリベラルです。

日本では90年代以降、なぜかリベラルという言い方が流行るようになりました。日本では今、左翼寄りを指す言葉になりつつありますが、もともとヨーロッパでは資本家寄りの人たちのイメージですし、正確に意味がとれない言葉なので、あまり使わないほうがいいと思っています（それでも、旧民主党政権はリベラルという言葉を使っても比較的あたっているかなという気がします）。

話をアメリカのリベラル派に戻しましょう。アメリカのリベラルもレフト1・0と同様で、お金持ちからたくさん税金をとって、そのおカネを福祉などにまわすという政策をめざしています。彼らはどのような政治哲学的な合理化によって正当化していたのでしょうか。そこには、政治哲学者のジョン・ロールズ（1921〜2002年）の考え方があります。

ロールズは「われわれは生まれる前は、みんな天使だった」と考えます。ロールズ自身の論文にこの言葉が実際にあるわけではありませんが、私を含め多くの人たちがわかりやすい比喩として、この表現を使っています。では、「われわれは生まれる前は、みんな天使だった」とはどういうことでしょう——。

天使たちはいつ、どのような環境のもとに生まれるかまだわかっていません。とても貧乏な家に生まれるかもしれないし、裕福な家庭に生まれるかもしれない。大変な才能を持って生まれるかもしれないし、才能に恵まれずに生まれるかもしれない。でも、生まれる前には、知る由もないわけです。

けれど、天使たちは非常に合理的な考え方をします。生まれる前にみんなで集まって、生まれたあと自分がひどい目に遭わないようにと、一生懸命知恵を絞って契約を結びます。「もしひどい境遇で生まれたとしても、ひどいことにならないように、おたがいに助け合おうね」という契約です。もし恵まれた条件で生まれたら、最悪の条件に生まれた人に対して、最低限やっていけるように援助しましょう、助けましょうという契約を結ぶわけです。

ただ、何もかも平等にしてしまうと、最悪の条件で生まれた人たちがかえって助からないと天使たちは考えます。才能があったり、資本があったりといった好条件で生まれた人たちが、その恵まれた条件を活用して、たとえば生産を高めることができれば、最悪の条件で生まれた人たちもその恩恵にあずかれて、助かるはずで、その限りにおいては格差を認めましょうというふうに天使たちは契約を結ぶにちがいないというのです。

つまり、富裕層や大企業に多く課税してそのお金を福祉にまわすというのは、生まれる前に天の上で天使たちが結んだ契約の履行であり、したがって、この税制は正当化されるというのが、ロールズたちが唱えたアメリカ的リベラルの主張です。ここで重要なのは、**はじめに仮想的な個人というものがあって、その個人の境遇がよくなるように契約しているという点**です。

レフト1・0という左翼は闘争契約、アメリカ的なリベラルは誕生前の天使たちによる契約です。レフト1・0もアメリカのリベラル派もともに、契約という考えによって、累進課税や法人税の強化を正当化している点で共通していると言えるでしょう。

レフト2・0の理念はコミュニタリアン

レフト1・0を批判して登場し、90年代に全盛期を迎えたのが、レフト2・0です。欧米でも、そして日本でも、レフト2・0は富裕層や大企業に重い税金を課すことはやっていません。法人税はむしろ引き下げたほどですから、どこが新自由主義と違うねん、とこでもまた言いたくなります。

日本の民主党政権が末期に打ち出した税制は、消費税を中心に増税して、その分をみんなのための再分配に充てるというものでした。では、このような税制を彼らはどのように正当化していたのでしょう。レフト1・0の「収奪者を収奪せよ」式に、有名な標語で言えば「All for All」です。かつての民進党時代の前原誠司代表と、そのブレーンの慶応大学の井手英策教授が掲げたスローガンで、「幸福分配政策。All for All　みんなの税は、みんなのために。」が、民進党の標語になっていました。「All for All」は共同体主義、コミュニタリアニズムという考え方で、国をひとつの共同体としてとらえた発想になります。コミュニタリアニズムは1980年代にアメリカの政治、法哲学、倫理学の分野でリベラリズムとともに二大潮流となった思想で、日本でも『ハーバード白熱教室』で知られるマイケル・サンデルさんは代表的なコミュニタリアンです。レフト2・0全盛期の90年代は、クリントン政権期に著名なコミュニタリアンがホワイトハウス入りしていたように、コミュニタリアンの思想的影響力が強かったのです。

レフト1・0の場合は、世の中にはごく少数の裕福な資本家と、圧倒的多数の貧しい労働者とがいる、そこで、労働者の労働を搾取して得た資本家のカネは、資本家への税を重くすることで労働者階級に戻すべきだというのが、その図式でした。

これに対して、高度成長で労働者が豊かになったあと現れた、共同体主義を掲げるレフト2・0では、世の中には比較的恵まれた多数の人たちと、少数の恵まれない人たちとがいるので、多数の恵まれた人たちに消費税という形で広く税金をかけて負担させ、その税収で恵まれない少数の人たちも含む全員に恩恵をほどこそうというのが、基本的な図式となります。

税金の話だけでなく、戦争責任や少数民族などに対する態度でもレフト1・0とレフト2・0とでは、同様の違いがみられます。たとえば、日本の侵略戦争は誰に責任があるのか。われわれの先輩たち、レフト1・0は、財閥や軍国主義者たちが引き起こした戦争であり、主要な責任は彼らにあると考えました。

ところが、90年代のレフト2・0の図式ではそうではない。日本という共同体全体で、つまりは、日本人全体が責任を負うべきという主張が強くなされるようになりました。差別を受ける人、マイノリティの人たちにかんしても、レフト2・0では比較的恵まれた多数の人たち全員に責任があるという考え方になります。ですから、共同体の一員として、差別を受けて苦しむ人などのために、一人ひとりが責任を負う必要があるというスタンスになります。

ところが、その後、90年代の後半になると、すでにお話ししたように、世界中で現代資本主義の猛威が吹き荒れて、その結果、中流が没落し、あるいは、没落の危機に陥ります。アメリカなどでは、社会の主流であり、比較的恵まれてきた白人男性たちが貧困化して没落していきました。彼らにしてみれば、オレたちだって生活が苦しいのに、少数派だの移民だののためになぜオレたちが負担をしなければならないんだ、とそんな反発が起こるのも当然でしょう。

日本でも生活保護バッシングが起きました。これも構図は同じです。オレたちだって生活はラクじゃないのに、なんであいつらの生活保護の分まで負担しなくちゃならないんだ、といった不満が渦巻きました。その状況は今もさして変わりません。

井手教授は、人々のあいだでこのような不満が高まっているという認識を持っていらして、「少数の恵まれない人たちのために犠牲になるのではなく、自分たちもそれで助けられるんですよ」といった言い方に変えることを主張しています。しかし、現実には、みんなで負担して恵まれない人のためにそれを使うという図式は変わっていないわけで、そのことへの反発はいまだ解消していません。

このように、レフト2・0的な「幸福分配政策。All for All みんなの税は、みんなのために。」に基づいて、消費税を税収にするという主張は、新自由主義が猛威をふるう中では成り立ちません。また、生活が苦しい個人に負担をかけたうえで、共同体の中の同胞として全員が責任をシェアしていくという図式を貫けば、その一員とは意識されない移民は排斥されます。排外主義を標榜する極右が勢いを増すことは避けられないと思います。

レフト3・0は「収奪者を収奪せよ」へ回帰

レフト2・0の「みんなで負担しましょう」といった共同体主義、コミュニタリアニズムに対する不満や反発が渦巻いている今、レフト3・0はそれをどのように乗り越えていけばいいのでしょう。

レフト3・0は、われわれの目のまえに出現しているのが国家共同体などではなく、階級社会であるとみなします。レフト1・0が考えていたような階級社会であり、したがって、われわれの先輩たちが言っていた「収奪者を収奪せよ」という哲学への回帰こそが、レフト3・0のあるべき姿だと思います。実際、サンダース派もコービン派も富裕層や大企業への増税を大声で主張していました。

とはいえ、今さら、「収奪者を収奪せよ」と言うわけにもいきません。大声で言いたい気もするけれど、そうもいきません。というわけで、現代的な解釈、理由づけが必要になると思っています。

階級とはもちろん、支配する側の資本家階級と、それと対立する労働者階級とを指します。本来なら、資本家階級から経営権を奪取して、労働者階級が企業なり工場なりを自主的、民主的にコントロールするのが望ましいわけですが、現実的には民主的な合議決定のために毎日毎日会議ばかりしているわけにはいきません。末端の労働者たちにとって、持ち込まれた膨大な資料を理解したうえで、むずかしい経営上の問題を決定するというのは容易なことではなく、結局わけのわからないうちに手をあげて、賛成させられるなどということも起きかねません。それは前述したとおりです。

それなら、経営上のことは資本家に決めてもらったほうがまだマシ、などと当の労働者たちも思うでしょう。というわけで、労働者階級としては「当面は資本家が経営上のあれこれを決めるのも仕方がない。資本家に経営権や決定権をある程度は認めてやる、でも、そのかわり、資本家の決定によって、労働者にリスクを負わせるような結果になってはならない」というのが、現段階の資本家に対して臨むスタンスになります。

つまり、資本家の決定によって会社が破綻するかもしれないけれど、そのリスクは決定者である資本家が負い、万一、倒産などしたら、そのときは労働者に対して十分な補償を行うことで責任も果たす。その限りにおいては、資本家が決定をしてもいいということです。

ところが前述のとおり、実際には、経営上の決定を間違えて業績が悪化すれば、多くの資本家たちが労働者の賃金を下げたり、クビを切ったりといったことを平気でやっています。補償もなしで、放り出したりするわけです。しかも、賃下げやクビ切りをしておいて、資本家自身はなんの責任もとらないケースが大半なのですから、ひどい話です。

また、このようにわかりやすい判断ミスばかりではありません。たとえば資本家が、今は景気が悪いから設備投資は控えようという決定をしたとします。そのことは、労働者に対しても責任のある態度だったかもしれません。無謀な設備投資をして、儲からなくなって、労働者に被害を及ぼすような無茶なことはしなかったわけですから。ところが、資本家たちがみんなそのような決定をしたら、設備投資がされないわけですから、ますます景気が悪くなってモノが売れなくなり、さらなる景気の悪化をまねいて、その結果、労働者をリストラすることになるかもしれません。そのような場合、経営者に設備投資しなかったせいだと責任を問うのはむずかしいでしょう。失業者たちが裁判に訴えても、まず認められません。

このように、直接補償の責任を問えないが結果として人に被害を及ぼしている決定は、世の中にはいくらでもあります。

どうしたらいいのか。**事前に一種の公的賠償保険料として、国が企業や資本家からおカネを徴収しておきます。これが税金なのだ**ということです。これらの税収によって、経営者の決定の結果かどうかはわからないけれど、**なんらかの形で不遇な目に遭った労働者たちを補償する。こういう図式で、福祉や税金を正当づける**のです。

たとえば、なんらかの障碍を持って生まれてきたとします。どこかの企業が生産活動のために、なんらかの有害化学物質を発生させたことが原因かもしれません。確定はできないけれど、そういう可能性は誰も否定できません。そうである以上、あらかじめ徴収したおカネを、なんらかの不遇を受けた人たちの補償に充てるのは、合理的なことでしょう。

この際、理想は、決定の影響力に応じた額を課税することです。しかし影響力を直接測ることはできません。

そこで、所得の高い人ほど決定の影響力も大きいだろう、しかもその影響力は累積的に大きくなるだろうとの前提のもとで、影響力の代理変数として所得の高い人ほど課税額も増える累進課税というシステムになるわけです。

しかも、大金持ちの高額の支出は、需要構造を変えて、経済全体の生産配分に影響を与えます。巨額の所得を得ているのに支出しないならば、それはそれで景気にマイナスの影響を与えます。この場合は「代理変数」ではなくて、所得が影響力そのものになりますので、なおさらそれに応じて課税することが根拠づけられます。

さらに、現代においては、組織による影響力のほうが重要になっています。そこで、**決定の影響力は個人よりもむしろ組織によるものが大きいだろうとの前提で、法人税を徴収するという位置づけになります。**

法人税については、以前から企業側には反発や不満がありました。法人の利益は配当で分配されるのだから、株主から所得税でとれば十分じゃないか、というのが彼らの理屈です。それに対しては、**企業という組織は組織の力で人々に大きな影響力を及ぼす可能性があり、そのために賠償保険として税金をとるというのが、私の考える理屈**です。

もちろん、普通の庶民も「生身の個人」がゴロッとあるわけではなくて、意識的な意思決定をして行動しているわけですから、不注意で他人を車で轢いたとか、児童虐待やDVやパワハラで立場の弱い人の人生を狂わせたとかいうことがあったら、当然、自分のやったことの影響力に応じて、意思決定の裏の責任を果たしてもらわなければなりません。賠償しろということになります。

同様に、普通の庶民も生きているだけで、何か決定をすることで周囲に確定不可能なマズい影響をおよぼしているかもしれません。例えば、クーラーを入れるとかで、地球温暖化をすすめているかもしれないわけです。でも、因果関係は確定できません。わからないから、やっぱり普通の庶民からも公的賠償保険料としての税金をとっておくわけです。だけど、意思決定の影響力に応じてそれは少なくなるというわけです。

以上が私の提案するレフト3・0の課税・再分配正当化論理です。重要なことは、ここには共同体主義的な同胞助け合い論理は一切必要ないということです。**コントロールできない勝手な意思のために被害を受けるのは不当だという、「生身の個人」を主人公にした**

疎外論、そしてそれと対になる、自由な意思決定の裏には責任がともなうという**理性的個人の側の責任論**、徹頭徹尾こうした個人主義的な立場だけから正当化論理を導いています。

おわりに

本書は、2018年度の前期に実施された、大阪労働学校・アソシエでの私の「レフト3・0」をテーマにした講義の文字起こしと、2020年度前期の同校でのオンライン講義をもとにしたものです。この2年の間、私は、反緊縮経済政策関係の単著・共著を3冊出し、運動体を立ち上げたりと、反緊縮づいてきたのですが、本書は反緊縮政策を論じながらも、さらにその先を語ることをモチーフにしました。

もとになったのは2年前も今年度も労働学校の講義ですので、元来は労働運動や協同組合運動の活動家養成が目的のひとつだったはずです。ですから、講義では反緊縮経済政策の話にとどまらない、包括的な経済認識や世界観を提案することが期待されていると受け止め、それに応えようと努めたつもりです。

世間的にも、政策論としての反緊縮論の紹介は一段落し、その次の段階の議論が求められるようになっていると思います。

本文中にも述べましたが、欧米反緊縮論には一般に、私的投資のためにおカネが作られるシステムに替えて、教育や住宅やエネルギー転換などの公共的投資のためにおカネが作られるシステムを打ち立てようという、資本主義に対抗する志向があります。とりわけて、欧米の信用創造批判の政府貨幣論の流れは、今日的反緊縮運動の原点であり、先日死去したデヴィッド・グレーバーもリードした、オキュパイ運動における債務批判（債務帳消し論）の志向をひいていると言えます。そこには貨幣発行は社会化すべきだという発想があります。

日本では反緊縮政策についてはようやく知られるようになってきましたが、その背景にあるこうしたラジカルな体制変革志向はあまり知られていないため、反緊縮政策論を目にすると、「資本主義活性化論である」とか、「安倍政権の経済政策と同じだ」とかと感じてしまう誤解がよく見られます。本来最も反緊縮政策を必要としている、福祉や医療や教育、保育、貧困者支援、労働運動などの現場で活動する人々に、そうした誤解から反緊縮論が広がらないでいたならば不幸なことです。

さらに、れいわ新選組は結党まもなく参議院議員を2人当選させましたが、本文で述べた欧米の「レフト3・0」の失速で直面している課題は、そのほとんどをれいわ新選組も抱えていることは読者のみなさんもお気づきになったと思います。私は山本太郎さんとは、今も昔も、先方からもっぱら経済についての相談があったときには積極的に応じているだけの関係です。政治判断には口出ししていませんし、先方から聞かれもしません。これわ新選組の内部問題について関与することもありません。だから、そうした課題についてどうすべきかということについて、何も言う立場にはないし、そんな能力もありません。

ただ、これらの課題はれいわ新選組に限らない、反緊縮的な運動全体に課せられたものと言えます。これらを解くべく、今後同党とその外のさまざまな勢力や運動がどのように共闘や連携を進めていくのか、あるいは同党の起こした運動がどのような形態に発展・変化していくのか。その進路を展望するにあたっては、多くの人たちの信頼を得て各分野で献身的に運動を担っている同党内外の幅広い人たちが、どのような思想体系の中で反緊縮政策を位置づけ、そこに確信を持ってもらえるかが重要になってくると思います。

そのうえコロナ禍が起こり、このチャンスを逃すまいと、本文で述べた日本支配層の大方針である、生産性の低い部門を淘汰して海外に持っていく動きが俄然強まっています。そしてとうとう淘汰路線を公言する菅政権も成立しました。安倍政権の時代には、とりあえずは安倍さんの手による明文改憲阻止を旗印に、安倍政権を上回る反緊縮政策を唱えればよかったかもしれません。しかし菅政権のあからさまな淘汰路線は、日本資本主義が少子高齢化の条件のもとで生き残るための、政財界の合理的な大方針の一環です。これに対抗するには、やはり少子高齢化の条件を受けた、トータルな対抗路線がなければなりません。

そこでこの本では、反緊縮政策論を一環として含むトータルな体制変革思想の体系を、できるかぎりわかりやすく提起したつもりです。「生きているだけで価値がある」、本能と心理をまとった個々の生身の身体を主人公にすること。そのニーズが豊かに満たされ、誰もが「生きていてよかった」という人生をおくれることを目的にすること。しかし、そのための手段のはずの制度やルールや思想や働き方などの人間の意識の構築物が、そこから離れて**コントロールできない敵対物**になってしまう——これを批判すること。こうした図式をあらゆる見方に貫く体系です。これは、マルクスにも一貫していた図式なのだというのが私の解釈です。

この図式から、一部のエリートの支配へのポピュリズムの反乱も、日本支配層の淘汰路線への批判も、現状のおカネの作られ方（作られなさ）への批判も、自己目的的な生産手段の拡大を本性とする資本主義体制への批判も、あるべき課税の正当化も、すべて一貫して説きおこしました。それらは万事、「コントロールを取り戻せ」という叫び——このスローガンのオリジナルだったブレグジットでは満たされなかった叫び——に集約されます。

とはいえ、紙幅の関係でまだ触れられなかったことはたくさんありました。だいいちマルクスというならば、彼の使った投下労働価値概念が、今日経済を考えるときにどのように役立つのか示さないわけにはいきません。実は、本文で説明した、税収と政府支出の経済的本質としての、「経済全体の労働の配分替え」を考察するときに、投下労働価値概念が必要になるのです。利潤と賃金との間の分配のあり方も、「経済全体の労働の配分替え」の問題に翻訳して把握するのがマルクスの搾取論のやっていることだと解釈できます。だから、真に労働者にとって有利な分配を実現しようと思ったら、剰余生産物のための社会全体の中での労働配分を労働者がコントロールできないといけないわけです。これについてはすでに私が単著や共著で出したマルクス経済学の解説書でも説明しましたが、近く、いくつかの新著でも検討いただけることになると思います。

それから、本文中では、円高要因ばかり強いことから円暴落はあり得ないと言いましたが、そうは言ってもまだ心配な人もいらっしゃると思います。円暴落も国債暴落もないし、利上げで国債の利払い負担が雪だるまになることもないし、ハイパーインフレなどまずあり得ないことについての私からの直近の丁寧な説明については、滋賀県の市民運動のみなさんの要請で守山市で行った4回連続講演の講演資料を次のウェブサイトに格納していますので、ダウンロードしてご覧ください。欧米のレフト3・0の経済理論的背景や安倍政権が歴代最長まで続いた理由についても本書では省略したので、ご覧いただけたら幸甚です。

ひとびとの経済政策研究会　松尾匡守山連続講演資料

（URL）https://economicpolicy.jp/2020/09/30/1243/

また、主人公たる、理性的にならざる生身の個々人の、自分にも自覚できない、ましてや他人にはなおさらわからないニーズに合致したやり方は、どうやって見つけるのかという問題も語り残しています。それは、ツールとしての理性たちが考えた、さまざまなアイデアを、生身の個々人が自分に正直に試行錯誤し、模索的に調整することで見つけるしかないです。このことを論じた論考も、近々共著として出版されるでしょう。そこではこの立場から、債務自己責任論や財政緊縮論に対する批判が導かれることを示すことになります。

そのほか書き残したこととして最後にあげたいのは、では私たちは何をするべきなのかということです。

人間の考え方の構築物が、常に、「生きているだけで価値がある」生身の個々人を誰も裏切ることなく、彼ら彼女らみんなのニーズを快適に満たしてやまない社会。もしそれらを傷つけたならば即座に責任をとって補償する社会。そんな社会が、資本主義のシステムをくつがえして確立するのは、何世代も後かもしれません。

しかし、私たちは日々の暮らしの中で、自分の考えに基づく言動の影響する範囲で、自分の考えが、自分自身の生身も含め、「生きているだけで価値がある」生身の個々人を誰も傷つけず、それらのニーズをできるだけ快適に満たすよう、もしそれらを傷つけたならば即座に謝って可能なかぎり責任をとるよう努めることはできます。それができた人間関係を作れているならば、ほんのささやかでも、遠い将来の理想社会につながる芽を作ったのかもしれないと自信を持つことができるのではないでしょうか。

とりわけて、協同組合運動や労働運動やいろいろな福祉の取り組みや事業ネットワークの運動等々で、資本主義とは違って支配関係のない事業を作ろうとしている人たちには、特にそのことが言えます。いかに「みんなのもの」と言っても、「民主的に」と何遍言っても、私物化・ワンマン化や、カルト化等々の変質の危険は常にあります。それを防ぐには、組織上の工夫や政策の助けなども重要ですが、それだけではないと思います。自分の考え方のせいで誰か「生きているだけで価値がある」生身の個人を傷つけたり、そのニーズが損なわれたままになったら、もはや自分の取り組みは将来の理想社会につながらない――そんな意識があれば、変質を防ぐための重しになるのではないでしょうか。このへんの話は、組織論上の工夫についても心がけについても何度も書いてきましたが、特に

2012年に本書と同じ講談社現代新書で出した『新しい左翼入門』で論じましたので、ぜひご検討いただければ幸甚です。

もちろんミクロな組織の工夫や心がけだけでなんとかなるものではなく、ミクロな取り組みも大事ですが同時に、本文でも書いたように、そういう取り組みをスムーズに促進させるためのマクロな政策も重要です。特に、投資の民主的コントロールが重要というのが本文で言ったことです。

そしてこのような取り組みを通じて、人々のニーズにかなった考え方が広まっていくに際しては、私たちの先輩たち、高度経済成長の最中のレフト1・0の闘いを清算してしまうわけにはいきません。もう二度と戦争は嫌だという思いを胸に、この世から貧乏がなくなりみんながお腹いっぱい食べられて、危険で過酷な労働環境もなくなり、快適な家に住んでみんなが家族と休日を楽しめる世の中を夢見て、平和に徹して一生懸命働いて、団結して賃上げを闘いとり、労働条件を改善させてきた闘いです。また戦前のような世の中になるかもしれないという危機のたびに立ち上がってこれを防いできた闘いです。

まがりなりにも「平和で豊か」な日本と言われた、この闘いの成果の上に立っていた私たちは、「豊かさ」に引け目を感じてこの成果をぞんざいに扱っているうちに、いつしかまた飢えや過酷な労働環境が当たり前、家も家族も諦めたたくさんの人たちが休日も働き、おまけに平気で海外派兵する戦前のような世の中を作ってしまっていたのでした。そして、ますますそうなっていくのを見せつけられる中で、この世代の人たちを死なせているのです。

もうこんなことはやめましょう。豊かでなくなってしまった今の時代の生身の個々人のニーズには、この先輩世代の人たちの思いこそ合致しています。この思いを引き継ぎ、目の前の現実と取っ組み合って私たちのアイデアを加え、それによって人々のニーズにかなう闘いや取り組みを広めていって、将来の人間解放の社会へとつなげていくこと。これだけが、平和で豊かな社会を闘いとってくれた世代の魂をこの世において救う道です。

さて、さまざまな事情で、本書の執筆はしばしば中断し、一時は客観的には出版が危ぶまれるような状況だったと思うのですが、担当編集者の岡部ひとみさんは、折に触れてあきらめずに粘り強く執筆をはげましてくださいました。

このかん、一時新型コロナ感染ではないかと肝を冷やす体調不良があり、この原稿はじめすべての仕事が止まったこともありました。実は喘息と判明したのですが、それは今も基本的には続いていて、現時点ではまだできるだけ外出をひかえています。そのほか、代表をしています「薔薇マークキャンペーン」という反緊縮運動の活動や、オンラインの授業準備等々が重なり、この原稿がなかなか進まない事態ばかりで、岡部さんには本当にやきもきさせたと思います。ご心配をおかけしました。

ライターの横田緑さんには、大変なお骨折りで、音声データの丁寧な文字起こしをいただきました。

またこの本は、労働学校・アソシエに同行して講義ノートをとってくれた大学院生、いつも行き届いたお世話をいただいている労働学校・アソシエのスタッフのみなさんのおかげで形にすることができました。「薔薇マークキャンペーン」でご協力いただいてきたみなさんをはじめ多くの知人の方々からも、本書で扱った事実関係のご教示や、本書の考え方を練り上げることにつながる議論や、温かい励ましを折に触れていただいています。

そして本書のキーフレーズに勝手に採用させていただいた「生きているだけで価値がある」のスローガンを打ち出された山本太郎さん。日頃のご厚意になんとか応えようとして本書ができたというところがあります。

以上、記して感謝します。もちろんあり得べき誤謬は私の責任です。

２０２０年10月

松尾　匡

N.D.C. 302　282p　18cm
ISBN978-4-06-514239-4

講談社現代新書　2597

左翼《さよく》の逆襲《ぎゃくしゅう》　社会《しゃかい》破壊《はかい》に屈《くっ》しないための経済学《けいざいがく》

二〇二〇年一一月二〇日第一刷発行

著　者　松尾《まつお》　匡《ただす》　© Tadasu Matsuo 2020

発行者　渡瀬昌彦

発行所　株式会社講談社
東京都文京区音羽二丁目一二—二一　郵便番号一一二—八〇〇一
電　話　〇三—五三九五—三五二一　編集（現代新書）
〇三—五三九五—四四一五　販売
〇三—五三九五—三六一五　業務

装幀者　中島英樹

印刷所　株式会社新藤慶昌堂

製本所　株式会社国宝社

定価はカバーに表示してあります　Printed in Japan

「講談社現代新書」の刊行にあたって

教養は万人が身をもって養い創造すべきものであって、一部の専門家の占有物として、ただ一方的に人々の手もとに配布され伝達されうるものではありません。

しかし、不幸にしてわが国の現状では、教養の重要な養いとなるべき書物は、ほとんど講壇からの天下りや単なる解説に終始し、知識技術を真剣に希求する青少年・学生・一般民衆の根本的な疑問や興味は、けっして十分に答えられ、解きほぐされ、手引きされることがありません。万人の内奥から発した真正の教養への芽ばえが、こうして放置され、むなしく滅びさる運命にゆだねられているのです。

このことは、中・高校だけで教育をおわる人々の成長をはばんでいるだけでなく、大学に進んだり、インテリと目されたりする人々の精神力の健康さえもむしばみ、わが国の文化の実質をまことに脆弱なものにしています。単なる博識以上の根強い思索力・判断力、および確かな技術にささえられた教養を必要とする日本の将来にとって、これは真剣に憂慮されなければならない事態であるといわなければなりません。

わたしたちの「講談社現代新書」は、この事態の克服を意図して計画されたものです。これによってわたしたちは、講壇からの天下りでもなく、単なる解説書でもない、もっぱら万人の魂に生ずる初発的かつ根本的な問題をとらえ、掘り起こし、手引きし、しかも最新の知識への展望を万人に確立させる書物を、新しく世の中に送り出したいと念願しています。

わたしたちは、創業以来民衆を対象とする啓蒙の仕事に専心してきた講談社にとって、これこそもっともふさわしい課題であり、伝統ある出版社としての義務でもあると考えているのです。

一九六四年四月　野間省一

哲学・思想Ⅰ

66 哲学のすすめ――岩崎武雄
159 弁証法はどういう科学か 三浦つとむ
501 ニーチェとの対話――西尾幹二
871 言葉と無意識――丸山圭三郎
898 はじめての構造主義 橋爪大三郎
916 哲学入門一歩前――廣松渉
921 現代思想を読む事典 今村仁司 編
977 哲学の歴史――新田義弘
989 ミシェル・フーコー 内田隆三
1001 今こそマルクスを読み返す 廣松渉
1286 哲学の謎――野矢茂樹
1293 「時間」を哲学する――中島義道
1315 じぶん・この不思議な存在――鷲田清一
1357 新しいヘーゲル――長谷川宏
1383 カントの人間学――中島義道
1401 これがニーチェだ――永井均
1420 無限論の教室――野矢茂樹
1466 ゲーデルの哲学――高橋昌一郎
1575 動物化するポストモダン 東浩紀
1582 ロボットの心――柴田正良
1600 ハイデガー＝存在神秘の哲学――古東哲明
1635 これが現象学だ――谷徹
1638 時間は実在するか 入不二基義
1675 ウィトゲンシュタインはこう考えた 鬼界彰夫
1783 スピノザの世界――上野修
1839 読む哲学事典――田島正樹
1948 理性の限界――高橋昌一郎
1957 リアルのゆくえ――大塚英志 東浩紀
1996 今こそアーレントを読み直す――仲正昌樹
2004 はじめての言語ゲーム――橋爪大三郎
2048 知性の限界――高橋昌一郎
2050 超解読！ はじめてのヘーゲル『精神現象学』 竹田青嗣 西研
2084 はじめての政治哲学 小川仁志
2099 超解読！ はじめてのカント『純粋理性批判』 竹田青嗣
2153 感性の限界――高橋昌一郎
2169 超解読！ はじめてのフッサール『現象学の理念』――竹田青嗣
2185 死別の悲しみに向き合う――坂口幸弘
2279 マックス・ウェーバーを読む――仲正昌樹

政治・社会

1145 冤罪はこうして作られる　小田中聰樹
1201 情報操作のトリック　川上和久
1488 日本の公安警察——青木理
1540 戦争を記憶する——藤原帰一
1742 教育と国家——高橋哲哉
1965 創価学会の研究——玉野和志
1977 天皇陛下の全仕事——山本雅人
1978 思考停止社会——郷原信郎
1985 日米同盟の正体——孫崎享
2068 財政危機と社会保障——鈴木亘
2073 リスクに背を向ける日本人　山岸俊男 メアリー・C・ブリントン
2079 認知症と長寿社会——信濃毎日新聞取材班

2115 国力とは何か——中野剛志
2117 未曾有と想定外——畑村洋太郎
2123 中国社会の見えない掟　加藤隆則
2130 ケインズとハイエク　松原隆一郎
2135 弱者の居場所がない社会　阿部彩
2138 超高齢社会の基礎知識　鈴木隆雄
2152 鉄道と国家——小牟田哲彦
2183 死刑と正義——森炎
2186 民法はおもしろい——池田真朗
2197 「反日」中国の真実——加藤隆則
2203 ビッグデータの覇者たち——海部美知
2246 愛と暴力の戦後とその後——赤坂真理
2247 国際メディア情報戦——高木徹

2294 安倍官邸の正体——田﨑史郎
2295 福島第一原発事故 7つの謎　NHKスペシャル『メルトダウン』取材班
2297 ニッポンの裁判——瀬木比呂志
2352 警察捜査の正体——原田宏二
2358 貧困世代——藤田孝典
2363 下り坂をそろそろと下る　平田オリザ
2387 憲法という希望——木村草太
2397 老いる家 崩れる街　野澤千絵
2413 アメリカ帝国の終焉　進藤榮一
2431 未来の年表——河合雅司
2436 縮小ニッポンの衝撃　NHKスペシャル取材班
2439 知ってはいけない——矢部宏治
2455 保守の真髄——西部邁

経済・ビジネス

日本語・日本文化

105 タテ社会の人間関係 中根千枝
293 日本人の意識構造——会田雄次
444 出雲神話——松前健
1193 漢字の字源——阿辻哲次
1200 外国語としての日本語——佐々木瑞枝
1239 武士道とエロス——氏家幹人
1262 「世間」とは何か——阿部謹也
1432 江戸の性風俗——氏家幹人
1448 日本人のしつけは衰退したか——広田照幸
1738 大人のための文章教室 清水義範
1943 なぜ日本人は学ばなくなったのか——齋藤孝
1960 女装と日本人——三橋順子
2006 「空気」と「世間」——鴻上尚史
2013 日本語という外国語 荒川洋平
2067 日本料理の贅沢——神田裕行
2092 新書 沖縄読本——下川裕治 仲村清司 著・編
2127 ラーメンと愛国——速水健朗
2173 日本人のための日本語文法入門——原沢伊都夫
2200 漢字雑談——高島俊男
2233 ユーミンの罪——酒井順子
2304 アイヌ学入門——瀬川拓郎
2309 クール・ジャパン!? 鴻上尚史
2391 げんきな日本論——橋爪大三郎 大澤真幸
2419 京都のおねだん——大野裕之
2440 山本七平の思想——東谷暁